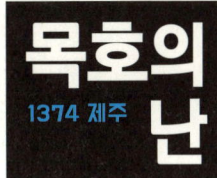

목호의 난
1374 제주

목호의 난
1374 제주

정용연 지음

차례

들어가며 5

제1장 **입성론** 15

제2장 **반격** 31

제3장 **별리** 59

제4장 **목호** 83

제5장 **대륙에서 불어오는 바람** 111

제6장 **바람의 섬** 153

제7장 **결전** 171

제8장 **포위** 201

제9장 **핏빛 노을** 239

작가의 말 276

들어가며

한반도 남단의 화산섬 제주!

제주는 예부터 바람 많고 돌 많고 여자가 많아 삼다도(三多島)라 불렸으며

도둑, 거지, 담장이 없는 삼무(三無)의 땅이기도 하다.

이어도사나~
이어도사나~

또한 기온이 따뜻하고 맹수가 없어 섬 어딜 가더라도 풀을 뜯고 있는 말과 소를 쉽게 만날 수 있다.

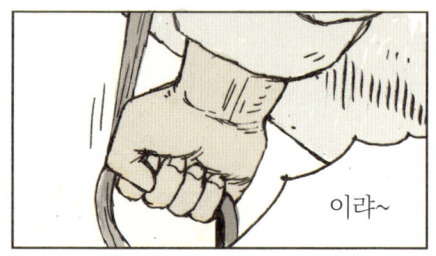
이랴~

신랑 신부 맞절~

합환주~

혼인날 신랑이 탄 말 발자국에 물이 고이면 잘 산다 하지 않우꽈.

두 사람 잘 살 거우다.

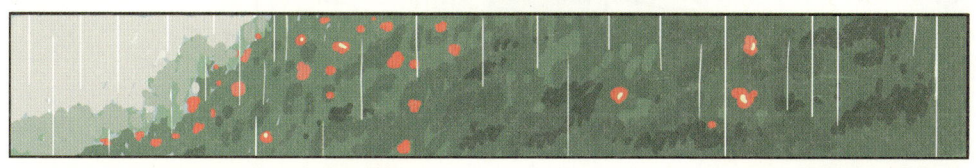

1947년 3.1절 발포부터 1954년 9월 한라산에 금족령이 해제될 때까지 제주도민 3만 명이 죽었다.

1948년 4월 3일 국군은 관공서를 급습한 무장 공산 게릴라에 대한 토벌이라고 했지만

희생자 대부분은 무고한 양민이었다.

어망~
어망~

4.3의 아픔이 채 가시지 않은 변방의 땅!

섬 풍경은 육지 풍경과는 사뭇 다르다.

마치 거대한 왕릉을 연상시키는
크고 작은 오름들

새별오름이라~
이름 참 예쁘다.

오름 아래 펼쳐진
어름비란 들판 이름도
그렇고.

아름다운 이름 뒤에
감춰진 역사를
사람들은 알까?

곶자왈을 가보지 않고 제주를 말할 수 있을까요?

곶자왈요?

거친 돌무더기 위에 낀 이끼와

갖가지 나무와 풀이 뒤엉켜 독특한 분위기를 자아내는 곶자왈

여름철 큰비가 내릴 때 외엔 내내 말라 있는 하천들

밭과 밭 사이를 가르는 돌담

멕시코에서 해류를 따라 건너와 자생하는 선인장

화산 폭발로 쌓인

붉은색의 작은 돌 송이, 스코리아

검은 모래로 이루어진 해변

야자수와 담팔수가 늘어선 가로수길은 마치 외국에 온 듯한 착각을 불러일으킨다.

더불어 중세국어의 흔적인 '아래아'가 아직도 생활 속에 쓰이고 있다.

물꾸실낭*이라고 해요. 이렇게 쓰지요.

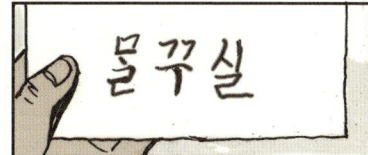

섬사람들은 물론 외지인들에게도 최고의 드라이브 코스로 꼽히는 해안가 일주도로

섬 북서쪽 애월 바닷가에 현무암으로 된 조형물이 눈에 띈다.

애월읍경(涯月邑境)은 항몽멸호(抗蒙滅胡)의 땅이라.

*물꾸실낭 멀구슬나무의 제주 말.

거대한 비 양옆으로 나란히 세워져 있는 무인석

두 석상의 주인공은 삼별초를 이끌고 몽골군에 맞서 싸우다 전사한 김통정 장군과

몽골 목동이 일으킨 '목호의 난'을 평정한 최영 장군이다.

풀이하자면 이곳 애월은 몽골에 맞서고 오랑캐를 멸한 땅이라는 건데….

멸호(滅胡)!

오랑캐를 없앤다!

제1장
입성론

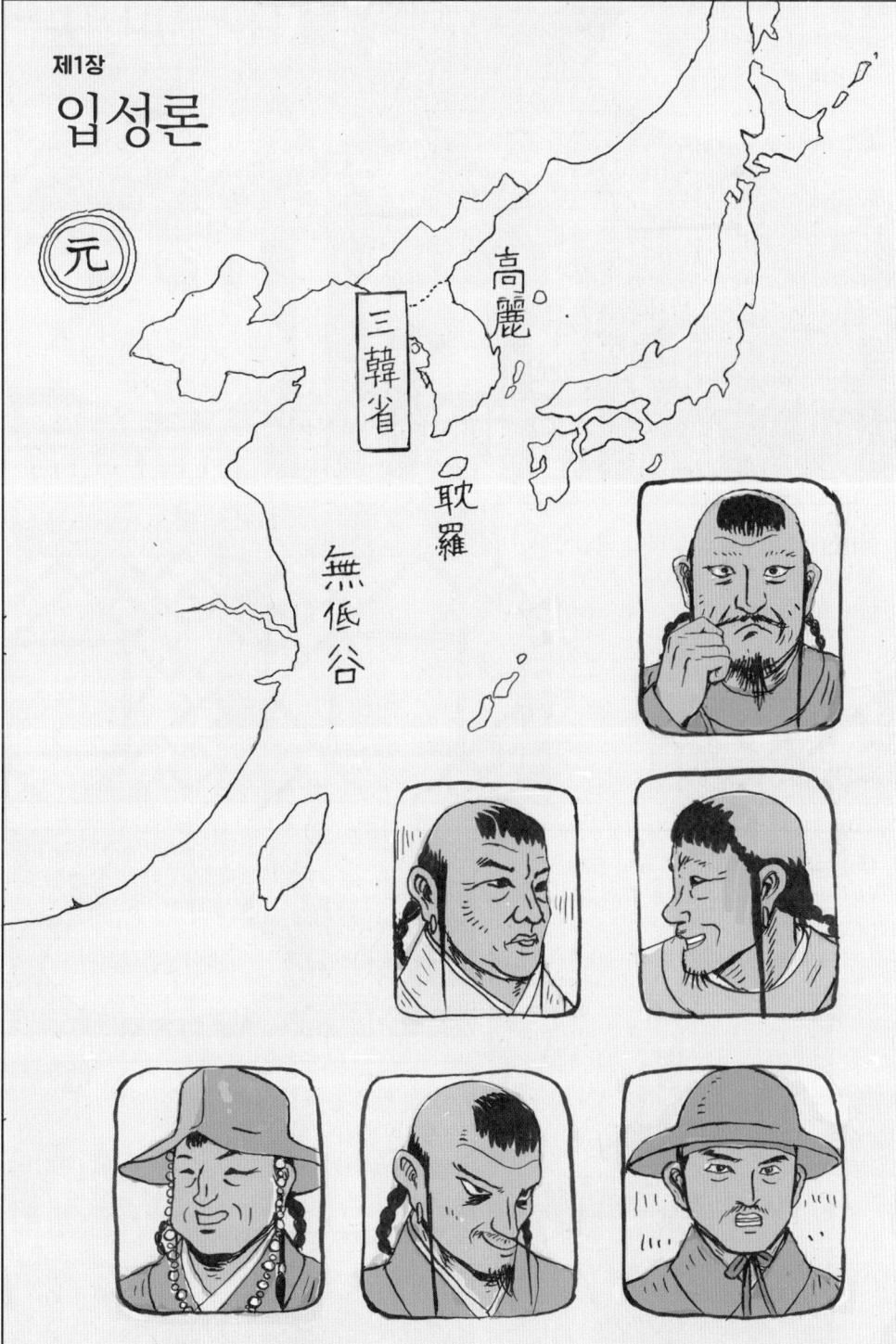

입성(入省)에 관한 논의가 처음 시작된 것은 충선왕 복위 1년(1309) 요양행성 우승인 홍중희에 의해서였다.

하지만 홍중희가 조주에 유배됨으로써 입성 논의는 잠잠해졌다.

그로부터 열네 해 뒤인 충숙왕 10년(1323).

고려의 권신 류청신과 오잠 등은 입성론에 다시 불을 붙였으나 없던 일이 되었다.

도참의사사 이제현은 물론 원의 대신들조차 현실적인 이유를 들어 반대했기 때문이다.

강남의 여러 성과 동일한 체제를 유지하려면 반드시 군대를 주둔시켜야 하는데 군사 징발이 말처럼 쉽지 않습니다.

*심왕(瀋王) 심양왕(瀋陽王)이라고도 한다. 심주와 요양의 고려인들을 통치하기 위해 원에서 고려 왕족에게 수여한 봉호이다.

왕 뒤의 또 다른 왕.

원이 임명한 심왕의 존재는 고려 왕의 권위를 무력화했다.

요동에 있는 고려 유민을 다스리는 게 본 임무이지만….

이제 곧 요동뿐 아니라 고려까지 다스리는 진짜 왕이 되실 것입니다.

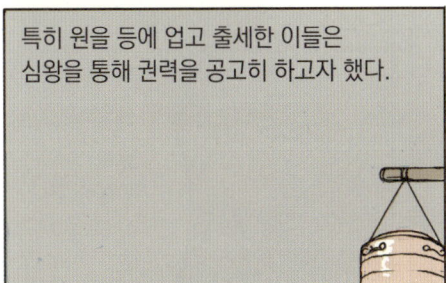

특히 원을 등에 업고 출세한 이들은 심왕을 통해 권력을 공고히 하고자 했다.

그 가운데 충숙왕의 조카 왕고는 자신의 야심을 노골적으로 드러내곤 했다.

빨리 고려로 돌아가 회경전 옥좌에 오르고 싶구나.

주군, 조금만 기다리십시오.

혼란과 격변은 어떤 이들에겐 기회가 되었다.

해먹던 놈이 또 해먹는 세상은 재미없지.

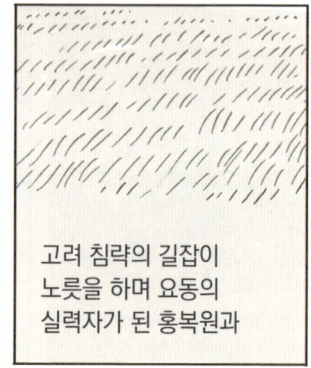

고려 침략의 길잡이 노릇을 하며 요동의 실력자가 된 홍복원과

몽골어 실력에 힘입어 재상의 자리에 오른 류청신과 오잠이 그러했다.

다른 건 필요 없어. 몽골어를 배우라고.

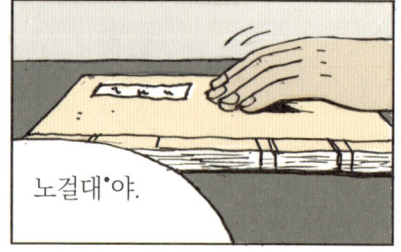

노걸대*야.

*노걸대(老乞大) 고려시대 몽골어 학습서.

토씨 하나 빼먹지 말고 달달 외워. 머릿속에 인이 박일 때까지. 그럼 언젠가 기회가 와.

아~

상투는 당장 밀어버리고.

예~

그럼 잘해보라고.

이들에게 심왕의 옹립과 입성 논의는 권력과 부를 유지하기에 더없이 좋은 구실이었다.

이후 입성 논의는 여러 차례 반복되었고 그때마다 고려는 큰 혼란 속으로 빠져들었다.

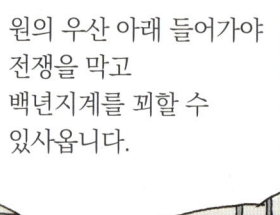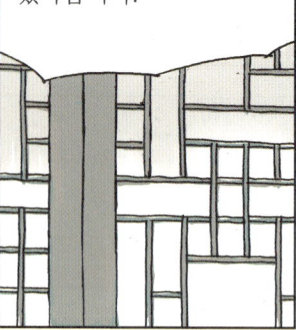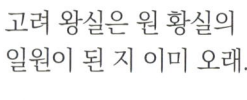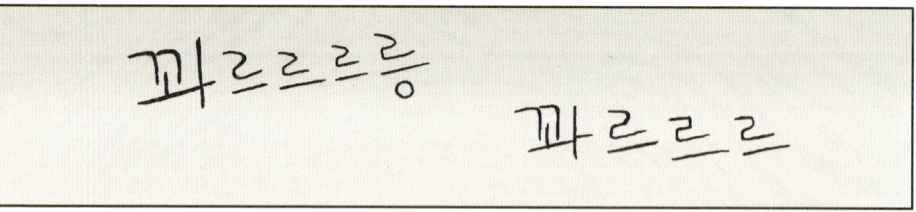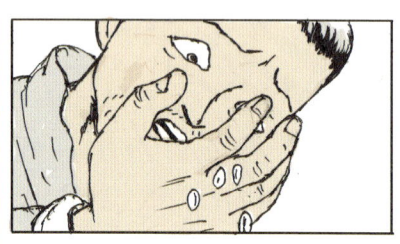

당치 않습니다. 태조대왕께서 어찌 창업한 나라인데 원의 한 개 성으로 만든단 말입니까?

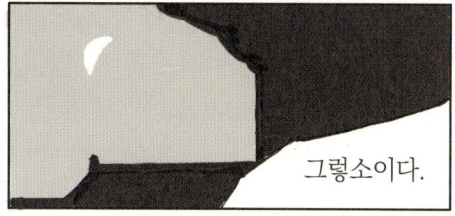
그렇소이다.

거란의 침략에도 굴하지 않고 지켜낸 사직이오. 결코 내줄 수 없소이다.

아니, 거슬러 고구려, 백제, 신라 누구도 스스로 나라를 내놓겠다고 한 적은 없소이다. 태조대왕께서 이 일을 듣는다면 피눈물을 흘리실 것이외다.

그래서 얻은 것이 무엇이오?

몽골에 저항한 탓에 백성들만 죽어나지 않았소?

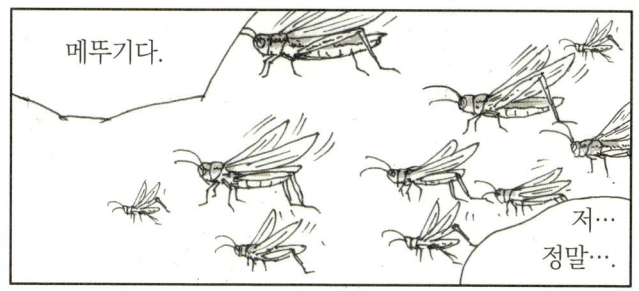
메뚜기다.

저… 정말…

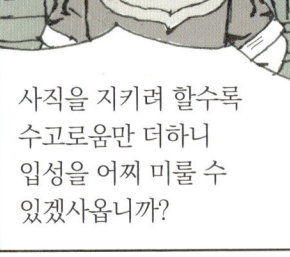

*형혹(熒惑) 화성의 다른 이름.
*남두(南斗) 궁수자리에 속하며 국자 모양을 띤 여섯 개의 별.

왕조차 제어할 수 없는 힘!

그 힘은 한때 멸시해 마지않던 저 몽골 오랑캐에게서 나왔다.

아니, 왕 스스로가 오랑캐 풍속을 좇아 변발하고 오랑캐 옷을 입음으로써 부마국의 지위를 유지하고자 했다.

그뿐만 아니라 오랜 인질 생활로 고려 말을 잊어버리기까지 했다.

이놈들, 황실 사람인 나를 뭘로 보고….

이제 겨우 입성 논의가 잦아들었구려.

힘든 싸움이었습니다.

큰일이오. 갈수록 원을 믿고 날뛰는 부원배들이 늘어나니. 이러다 영영 원의 속박에서 벗어나지 못하고 국체를 잃을까 염려됩니다.

그러게 말입니다.

우리라도 정신을 바짝 차려야지요.

맞아요. 비록 사세 부득하여 저 오랑캐들에게 고개를 숙이지만, 얼마저 빼앗길 순 없지요.

변발을 할 순 없지 않습니까?

그럼요.

날카로운 부리와 억센 발톱

지칠 줄 모르는 날개

절대 먹이를 놓치지 않는 집요함.

매는 사람들을 매혹시켰고 세력 있는 자들은 너나없이 매사냥에 나섰다.

특히 원 황실은 매를 사랑하여 황궁에서 수백 마리를 기르며 사냥에 나섰는데 푸른빛이 나는 고려의 매를 으뜸으로 쳤다.

연경(燕京)
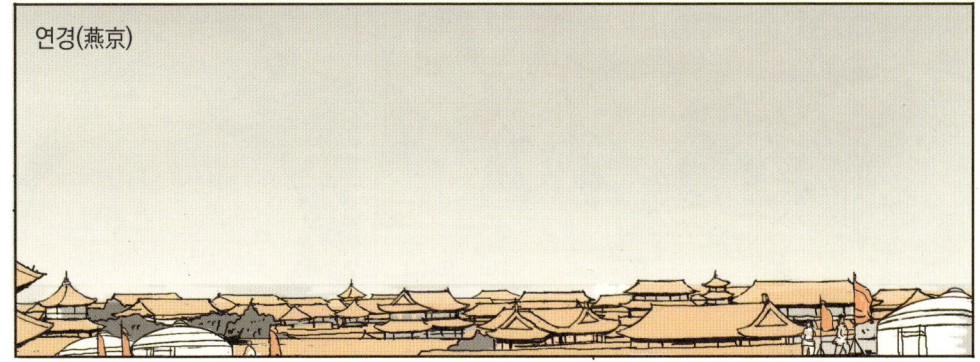

고려에서 보낸 해동청 보라매다.

황실과 조정대신들을 구워삶기엔 이만한 게 또 없어.

비록 입성엔 실패했지만 심왕을 옹립할 기회는 얼마든지 있으니 염려 말라고.

오랑캐?

원이야말로 세상의 시작이고 끝이란 걸 왜 몰라?

아니면 알고도 미친개처럼 한번 물어보자는 건가?

1351년, 고려 수도 개경

백안첩목아(伯顔帖木兒)란 몽골식 이름을 가지고 있던 공민왕은

즉위와 함께 땋았던 머리를 풀고 호복(胡服)을 벗었다.

이제 과인의 이름은 빠이앤티무르가 아닌 왕기(王祺)니라.

태조대왕께서 물려주신 성과 이름을 다시 쓸 것이야.

왕은 반원의 기치를 높이 내걸었지만 고려는 여전히 몽골 지배 아래 있었다.

특히 공녀 출신으로 원의 황후가 된
기황후의 오라비 기철과 그 형제들 그리고
딸을 원 황태자에게 바쳐 출세한 권겸은
왕보다 더 큰 세력을 떨치며 조정을 농단하고
백성들의 재산을 함부로 빼앗으니
그들에 대한 원성이 온 나라에 가득했다.

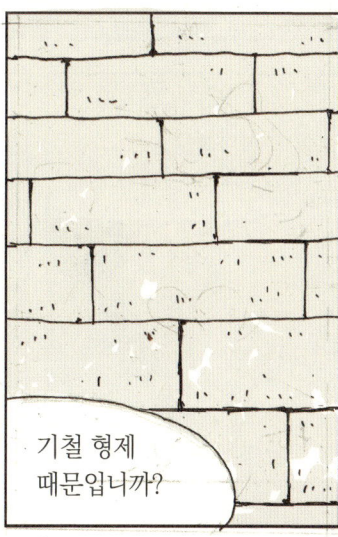

*고용보 고려 출신의 환관으로, 기황후 최측근이었다.

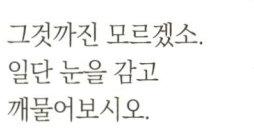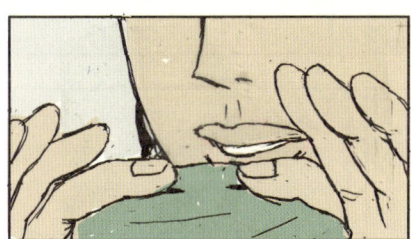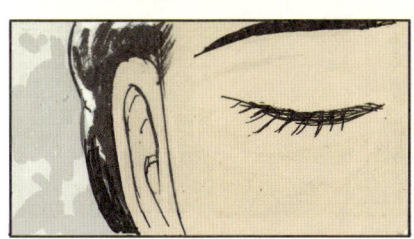

즉위 5년째가 되던 1356년 5월

살어리 살어리랏다
청산(靑山)에 살어리랏다~

멀위랑 다래랑 먹고
　　청산에 살어리랏다~

얄리 얄리 얄랑셩 얄라리 얄라~

우러라 우러라 새여 자고 니러 우러라 새여~

널라와 시름 한 나도

자고 니러
우니노라~

왕은 연회를 베푼다는 구실로 재추*와 더불어 기철 일당을 궁궐로 불러들였다.

*재추(宰樞) 고려 시대, 재부와 중추원을 아울러 이르는 말.

기철은 그 자리에서 피를 흘리며 즉사했고

놀라 달아나던 권겸은 자문(紫門) 앞에서

철퇴를 맞고 쓰러졌다.

끄윽~

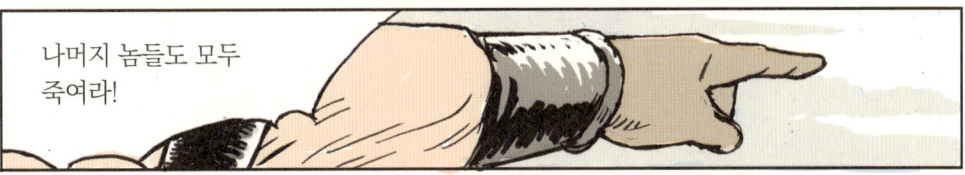

나머지 놈들도 모두 죽여라!

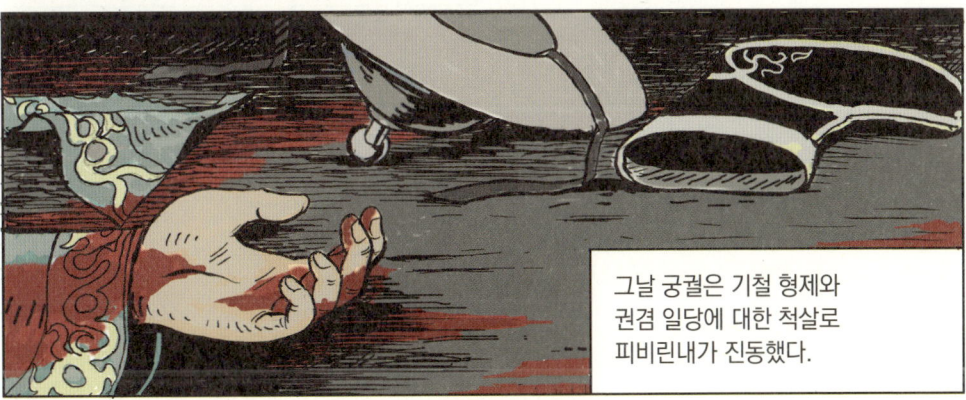

그날 궁궐은 기철 형제와 권겸 일당에 대한 척살로 피비린내가 진동했다.

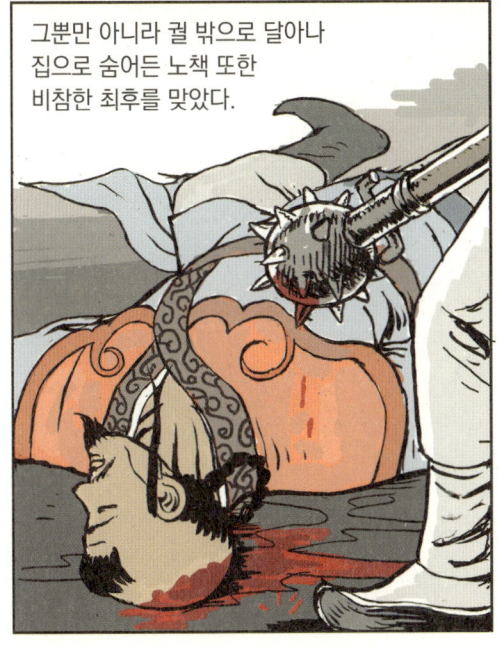

그뿐만 아니라 궐 밖으로 달아나 집으로 숨어든 노책 또한 비참한 최후를 맞았다.

주인의 권세만을 믿고 백성들 위에서 날뛰던 기철, 권겸, 노책의 수족들을 의성창, 덕천장, 유비창 등의 노비로 삼노라.

강소성에서 장사성이 난을 일으켰으니 속히 군사를 보내달라는 것이었다.

이에 왕은 유탁, 최영, 인당, 염제신 같은 장수로 하여금 군사를 보내 원을 돕게 했다.

원의 승상 탈탈(脫脫) 휘하에서 2천 군사를 이끌고 전장을 누빈 최영,

탈탈은 참소를 받아 퇴각하고

고려로 돌아온 최영은 왕에게 보고했다.

난을 진압하는 도중 원의 대신들이 탈탈을 자리에서 물러나게 하니 원의 군세는 급속도로 악화되어 장사성 군에게 크게 패하고 말았습니다.

또한 보급이 원활치 않아 어려움을 겪기 일쑤였나이다.

아무리 황제보다 더한 권력을 휘두르고 있는 기황후라 하더라도 쉽사리 군사를 일으켜 고려를 정벌할 수 없으리라.

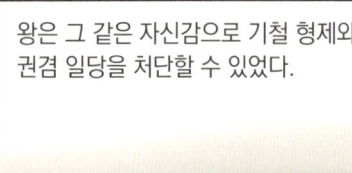
왕은 그 같은 자신감으로 기철 형제와 권겸 일당을 처단할 수 있었다.

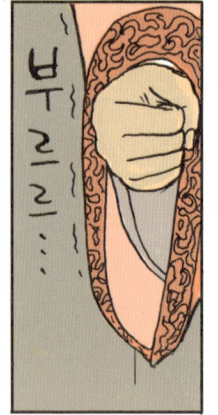
부르르…

이놈…
은혜를 원수로 갚다니….

살어리 살어리랏다   청산에 살어리랏다

멀위랑 다래랑 먹고
청산에 살어리랏다~

얄리 얄리 얄랑셩
얄라리 얄라~

그해 7월, 밀직부사 유인우, 전호대장 공천보, 전종부령 김원봉이 이끄는 고려군은 원의 직할지인 쌍성으로 향했다.

철령 이북 쌍성총관부는 고려의 옛 땅!

그대들은 물밀듯이 진군해 쌍성을 탈환하고 오랑캐를 몰아내라.

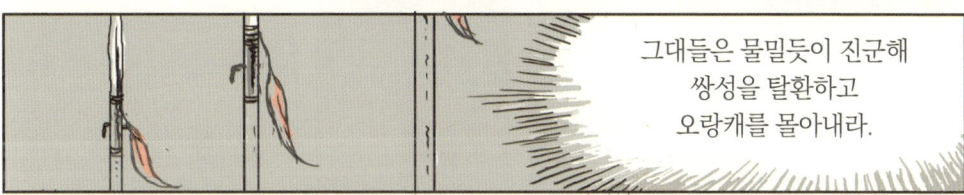

둥 둥 둥

천호 이자춘, 고려 신하 되기가 원이었나이다.

내응해줘 고맙소. 주상 전하께서 그대의 공을 크게 치하할 것이오.

이어 쌍성의 실력자인 조휘가 성문을 열고 내응, 고려군은 어느덧 쌍성의 주요 거점인 등주까지 닿았다. 피 한 방울 흘리지 않고 쌍성의 치소인 화주 턱밑에 이른 것이다.

이럴 수가…. 이자춘 그자와 숙부가 고려군과 내통해 차례로 성문을 열다니….

총관 조소생, 조상인 조휘가 몽골과의 전쟁 중 고려 관리를 죽이며 몽골에 투항한 이래 4대째 총관을 역임해온 인물….

총관! 어서 맞서 싸워야지요.

충렬, 충선, 충혜, 충목, 충정, 충숙은 원에 충성을 맹세하며 붙인 너희 고려 왕들의 시호다. 어찌 상국을 배신하고 창끝을 겨누는가?

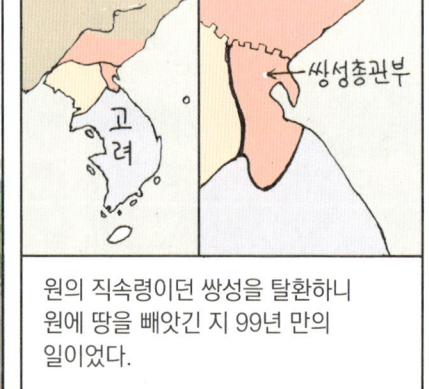

제3장
별리

목호 추장 가을치(加乙赤)

고려 왕은 아직도 모르는가? 탐라는 고려 땅이 아니란 걸.

도대체 무슨 소리를 하는 거요?

그대들이 들어오기 훨씬 전부터 이곳은 고려 땅이었소.

뭐라고! 목호에게 도순무사* 윤시우가 죽어?

그뿐만 아니라 목사 장천년과 판관 이양길까지 죽임을 당했나이다.

조정에서 파견한 관리들의 잇따른 죽음! 제주에서 들려온 소식은 반원자주정책에 박차를 가하던 왕에게 큰 충격이었다.

*도순무사(都巡撫使) 난리가 나거나 사변이 일어났을 때, 임금의 명을 받아 해당 지역으로 파견되는 임시 벼슬.

김방경과 흔도가 이끄는 여몽연합군이 삼별초를 진압한 것은 원종 14년(1273).

그 뒤 몽골은 제주에 탐라총관부를 설치하고 직속령으로 편입했다.

일본 정벌을 위한 전선 제조기지로서, 또 말의 산지로서 반드시 손에 넣어야만 했던 것이다.

이후 몽골은 그들 전통에 따라 제주를 동아막*과 서아막*으로 나눈 뒤, 연 1,500명가량의 군사를 주둔시킨다.

이로써 제주는 원이 경영하는 14개 목장 가운데 하나가 되어 원이 필요로 하는 말을 제공하게 된다.

*아막(阿幕) 큰 고을을 가리키는 몽골어 '아이막'의 한자음. 당시 제주도의 행정 구역은 서아막과 동아막으로 나뉘어 있었다.

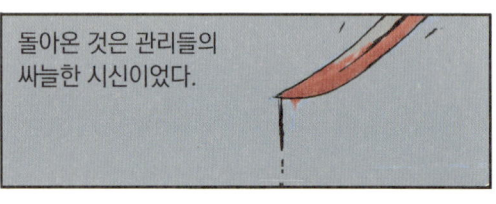

뺄 수도 없고 살이 될 수도 없는….

즉위한 지 열네 해. 오로지 하나의 목표를 향해 달려왔소. 권문세가에 빼앗겼던 백성들의 땅을 돌려주고 옛 영토를 되찾아 나라를 반석 위에 올려놓는 일이었소.

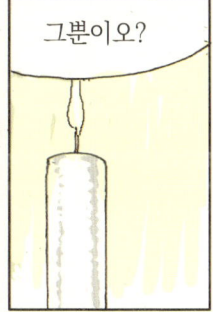

하지만 권문세가의 발호가 그치지 않고

남쪽의 섬 오랑캐들은 고려의 관리를 죽이며 원에 복속되기를 해마다 청하고 있소.

그뿐이오?

해안가에서는 왜구가 무시로 출몰하여 고려 백성을 죽이고 유린하오.

홍건적이 쳐들어왔을 땐 개경을 버리고 복주*까지 피난을 가야 했소.

*복주 지금의 안동.

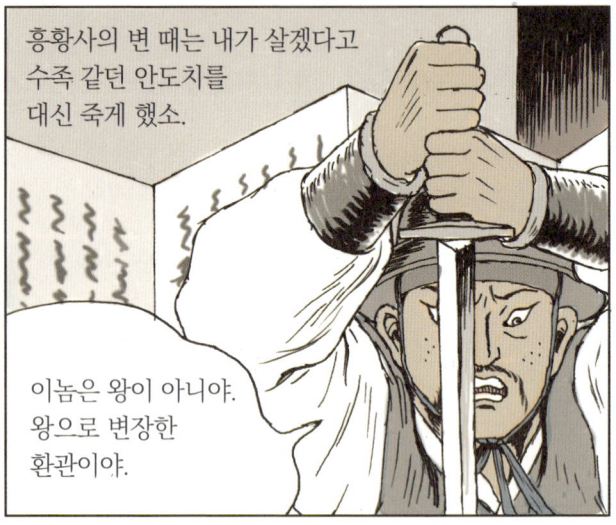

솔롱고스,
무지개의 나라 고려!

해동청 보라매의 힘찬
날갯짓을 보노라면
절로 고려가
생각나곤 했지요.

고려에서 온
종이에 스며든
먹 냄새가
좋았지요.

그럼에도 고려는 머나먼
이국땅!

고려 말을 배우고 풍습을 익히느라
얼마나 힘들었던지요.

마마,
걸음을 이렇게
해보소서.

이렇게요.

아니, 이렇게요.

됐습니다.
네, 그렇게….

견딜 수 없는
외로움에 눈물도
많이 흘렸지요.

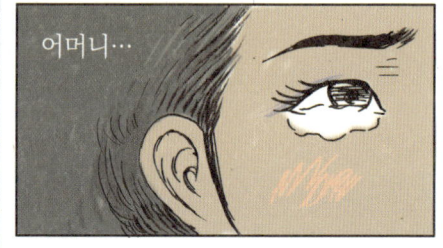

어머니…

달을 봐도
눈물이
흐르고

별을 봐도 눈물이
났습니다.

그때마다 전하께서
옆에 계셔주었습니다.
볼을 어루만지며
눈물을 닦아주곤
하셨지요.

고맙습니다, 전하.

부디 이 나라 고려를 누구도 넘볼 수 없는
크고 강대하게 만들어주십시오.

즉위 14년

공주가 만삭의 몸이 되자 왕은 죄수를 풀어주었고 난산으로 병이 심해지자 또다시 옥문을 열어 죄수를 풀어주었다.

모든 것이 과인의 부덕이니라.

하지만 공주는 끝내 눈을 감고 말았다.

평생 고락을 같이해온 사람에 대한 정리.

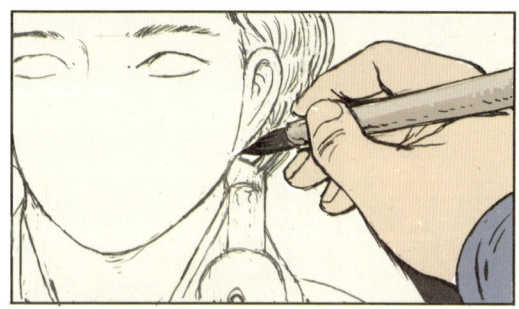

이놈들, 전하를 해하려거든 나를 먼저 베고 넘어가라. 원의 공주인 나를 베면 너희는 참형을 면치 못할 게야.

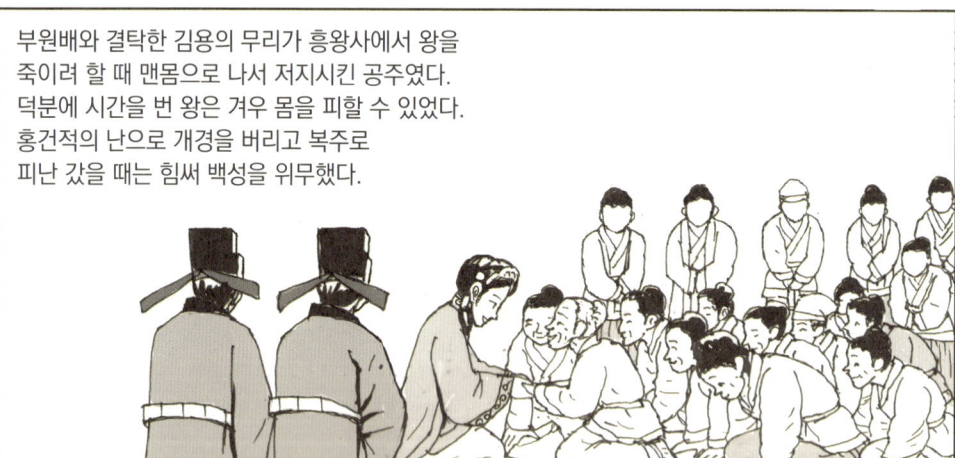
부원배와 결탁한 김용의 무리가 흥왕사에서 왕을 죽이려 할 때 맨몸으로 나서 저지시킨 공주였다. 덕분에 시간을 번 왕은 겨우 몸을 피할 수 있었다. 홍건적의 난으로 개경을 버리고 복주로 피난 갔을 때는 힘써 백성을 위무했다.

이런 공주를 어찌 잊을 수 있단 말인가!

중전…

〈고려사절요〉는 이렇게 기록하고 있다.

"왕은 손수 공주의 초상을 그려 밤낮으로 마주 대하며 슬피 울었고 고기반찬을 먹지 않았다."

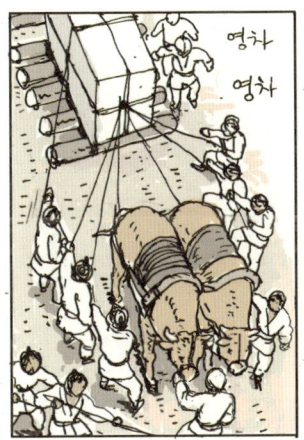

영차 영차

이랴

끼이
이랴—
워

끼이

끼이

워워

끼이

이랴—

끼익

줄이 끊어진다!

피해~

우 두 둑

우아악

끄으으으

영도첨의 신돈

공주마마의 영전을 짓느라 많은 백성이 동원되었고 해안에선 왜적이 출몰하여 백성들이 괴로워하나이다.

그런데도 감행하실 겁니까?

저 오랑캐들을 굴복시키지 못하는데 내 어찌 편히 잠을 이루겠소.

저들은 결코 만만한 상대가 아니옵니다.

아무렴 저따위 놈들을 굴복시키지 못하겠소?

내 반드시 옛 땅을 되찾아 공주의 영전에 바칠 것이오.

아미타불~

즉위 15년째인

1366년 10월

도순무사 김유가 이끄는 100척의 배가 제주를 향해 떠났다.

바람은 순조로웠고 왕명을 받든 배는 곧 제주 해안에 닻을 내릴 예정이었다.

촤아아아아

우악 악

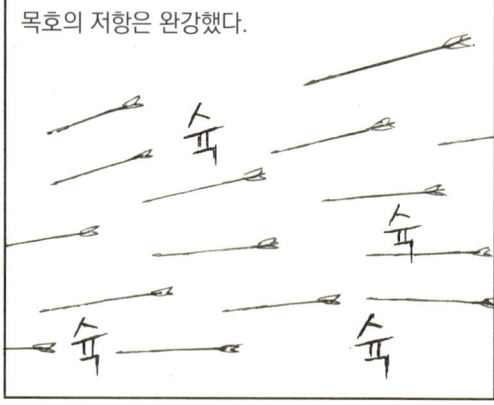

목호의 저항은 완강했다.

슉 슉 슉 슉

제4장

목호

변발 오랑캐,

그들이 섬에 첫발을 들였을 때, 사람들은 두려움에 떨었다.

그들은 탐학한 고려 관리보다 무서웠고 해안 지방을 노략질하는 왜구만큼이나 잔인했다.

초승달처럼 굽은 오랑캐 칼, 만곡도(彎曲刀)

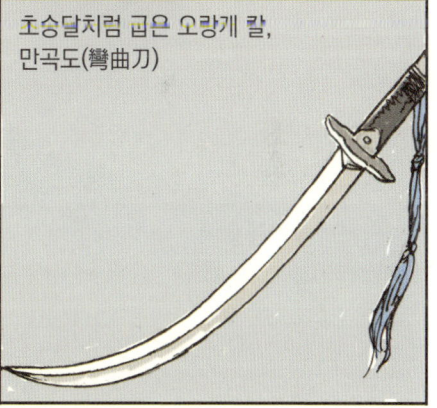

시체를 묻지도 않고 들판에….

섬은 온통 불바다였다.

오름마다 타오르는 거대한 불꽃….

뜨거운 바람은 천지를 휩쓸고

산짐승들은 급히 몸을 피했다.

잿더미가 된 나무와 미처 몸을 피하지 못한 산짐승들….

그 죽음의 땅에 풀씨가 하나둘 날아들고

이내 푸른빛이 검은 재를 덮기 시작한다.

그들이 데리고 온 것은 비단 말뿐만 아니었다. 소, 양, 낙타, 나귀, 고라니가 방목된다.

이건 얼마 살지도 못하고 죽네.

풍토가 맞지 않은 거우다.

그들은 매사냥에 미쳐서 밤낮없이 들판을 내달렸다.

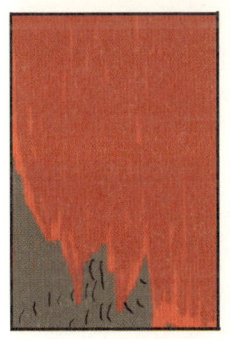

쓰윽—

매사냥을 한답시고 애써 일군 밭을 모두 엉망으로 만들었구나.

놈들의 위세가 무서우니 따질 수도 없고….

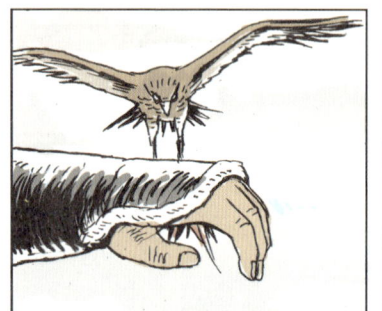

정복지에서 약탈은
그들 고향인 초원의 법칙!

그들에겐 인연 또한 전리품이다.

오랑캐 머리맡에 놓여 있는 칼 만곡도.

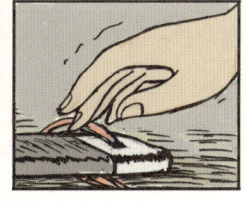

하지만 칼에 손조차 대지 못하고 흐느껴 울 뿐이다.

힘내.
조금만 더~

아
아
앙
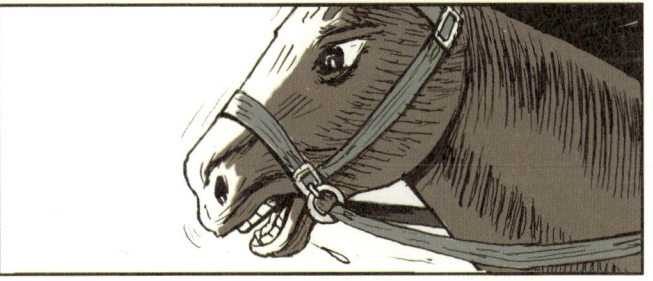

아이는 말과 함께 자란다.

말 울음소리에 잠을 깨고

히이잉~

말똥을 태워
추위를 이기고

말젖으로
부족한 영양을 채운다.

이놈의 부구리들, 썩 떨어지지 못해!

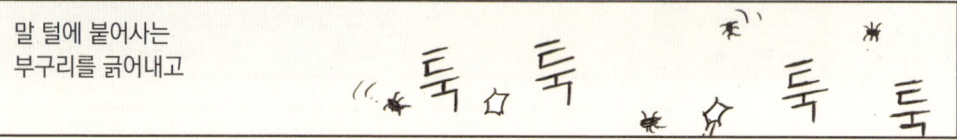

말 털에 붙어사는 부구리를 긁어내고

여물을 먹이고 말똥을 치우는 것도 아이의 몫.

말달리기 시합에 나가 또래 아이들과 재주를 겨루는 것은 어른이 되기 위한 통과의례다.

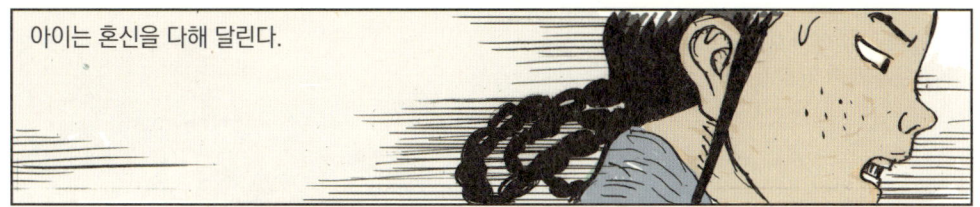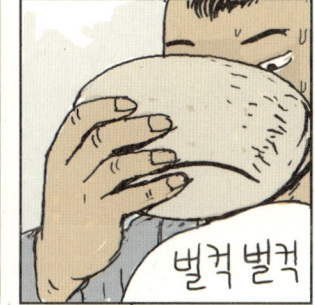

버들아기, 막사엔 어쩐 일로?

당신이 좋아하는 빙떡 가져왔어요.

우아~ 정말 맛있겠다.

버들아기, 당신이 빚은 빙떡은 먹어도 먹어도 물리지 않아.

그렇게 맛있어요?

최고지. 세상 어디에도 이런 맛은 없을걸.

곱게 빻은 메밀가루를 미지근한 물과 섞어 반죽한 뒤 번철에 부친다.

삶은 무채에 쪽파, 참기름, 참깨 등을 넣고 버무린 뒤

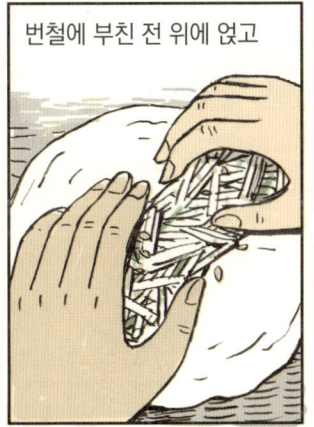

번철에 부친 전 위에 얹고

둥글게 빙빙 말면

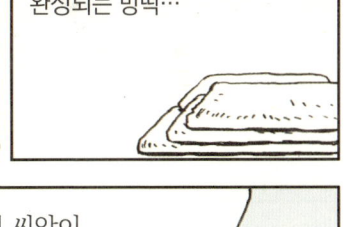

완성되는 빙떡…

빙떡은 삼별초와 몽골 사람들이 들어오면서 생긴 섬사람들의 특별식이다.

못 보던 씨앗이 이리 퍼져 자라는구나.

그나저나 이걸 뭐라 하우꽈?

고려 사람들은 메밀이라 한다던데….

그리하여 섬사람들은 경조사에 빙떡을 건네 축하와 위로의 마음을 전한다.
자 이거.
아니, 뭘 이런 걸~

아들딸 쑥쑥 낳고 까만 머리가 파 뿌리 되도록 오래 살쿠다.
고맙수다. 삼춘~

한 입 한 입 먹다 보니 어느새 다 사라져버렸어.
쩝

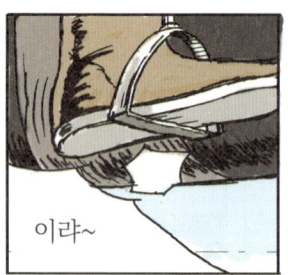

정한영은 유배가 풀리면 개경으로 올라가 손녀딸을 고려 남자와 혼인시키려 했으나 먼저 그를 기다린 것은 죽음이었다.

동백이 다시 피기 전 돌아갈 줄 알았건만….

개경의 봄날은 얼마나 아름다울 것인가!

할 수 없구나. 내가 죽거든 백호장 석나리보개와 혼인하려무나.

널 처음 본 이후로 중매쟁이를 보내오기 수십 차례.

보내온 약재만도 열 첩이 넘는다.

비록 오랑캐지만 정성이 갸륵하지 않으냐.

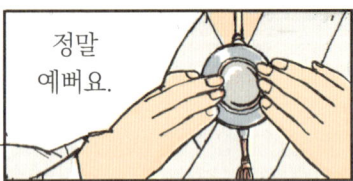

저 푸른 바다 너머엔 대륙이 있소.

달려도 달려도 끝이 없는 땅!

바다처럼 넓은 강이 흐르고

헤아릴 수 없이 많은 사람이 사는 그 땅엔 향료와 약재가 넘쳐나고

그곳엔 섬에서 볼 수 없는 금은보화들로 가득하오.

그뿐 아니라 칸께서 살고 계신 궁궐엔 세상 곳곳에서 잡아온 진기한 동물들이 사람들의 눈을 즐겁게 해준다오.

뿌우―

어떻소? 사람보다 몸집이 백배나 큰 코끼리란 놈 위에 함께 올라타보는 건.

몽골제국은 절대 무너지지 않소.

지금 칸께서 부득이 초원으로 몸을 피하셨지만 이내 거대한 흙먼지를 일으키며 돌아오실 것이오.

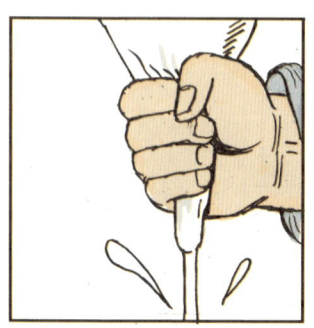

제5장

대륙에서 불어오는 바람

신라 선덕여왕 재위 때,
당에 유학 중이던 자장법사는 문수보살에게 감화를 받고
다음과 같은 진언을 올렸다.

큰 못에 절을 짓고
9층 탑을 세우면 사방의
오랑캐들이 감히 침략해오지
못할 것이옵니다.

이 큰 역사를 어떻게
시행할 수 있겠습니까?

마땅히 백제에서 사람을
불러야 할 것입니다.

이에 왕은 못을 메운 자리에
절을 짓고 백제 기술자
아비지의 도움으로
9층 탑을 세웠다.

여왕은 탑의 계단을 오르며 소원했다.

나무아미타불 관세음보살~

1층에서는 일본(日本)

왜가 더 이상 신라 해안을 노략질하지 못하게 해주소서.

2층에서는 중화(中華)

3층에서는 오월(吳越)

4층에서는 탐라(耽羅)

세찬 바람으로 바다의 물결을 더 높이 일게 해주소서.

5층에서는 응유(鷹遊)*, 6층에서는 말갈(靺鞨)

아미타불~

7층에서는 거란(契丹), 8층에서는 여진(女眞)

저들의 칼과 창을 모두 녹슬게 해주소서.

*응유(鷹遊) 신라가 백제를 낮추어 이르는 말.

9층에서는 예맥(濊貊)으로부터 신라를 지켜달라고.

여왕의 간절한 기도가 통했던 걸까?

여왕이 눈을 감은 지 13년.

여왕의 뒤를 이은 김춘추의 아들 김법민은 당나라와 연합해 숙적 백제를 멸망시켜 신라 영토로 편입했고 8년 후에는 동북아의 패자로 군림하던 고구려까지 멸망시킨 뒤 고구려 영토 일부를 차지했다.

또한 탐라국 좌평* 도동음률(徒冬音律)이 내조해 속국이 되기를 청하니

이로 인해 신라는 오랜 기간 평화와 번영을 누릴 수 있었다.

비록 당나라가 주도하는 동아시아 질서에 편입된 상태였지만···.

*좌평 백제관등 제1품, 이전까지 탐라는 백제에 조공을 바치고 백제로부터 관직을 하사받았다.

죽어라! 땅이나 파먹고 사는 더러운 고려 놈아.

적은 아홉 오랑캐가 아닌 또 다른 오랑캐….

그들의 고향은 끝도 없이 펼쳐진 대초원이었다.

그림자 말고는 동무도 없고 꼬리만 한 채찍도 없다.

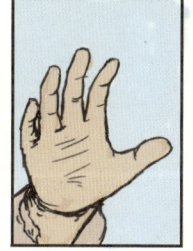

혹한의 추위 속에서 땅굴 토끼와 들쥐를 잡아먹으며 목숨을 이어가던 그들.

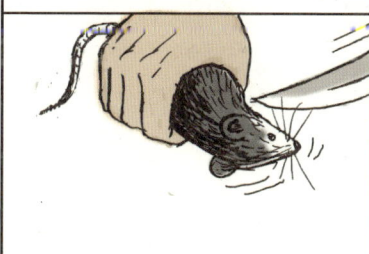

그들은 북중국의 지배자인 금나라의 이간질로 오랫동안 분열되었으나

칭기즈칸의 등장과 함께 초원을 통일하고 유라시아 대륙을 지배한다.

'예케 몽골 울루스'. 바로 대몽골제국이다.

이후 칭기즈칸의 손자 쿠빌라이는 회수(淮水) 이남의 남송마저 무너뜨림으로써 인류 역사상 가장 강력한 제국을 건설하게 된다.

현대전의 군대를 방불케 하는 기마군단과 공성 부대

지극히 크고 화려한 궁전

곳곳에서 몰려드는 수많은 사람

정복지 곳곳에서 끊임없이 물건을 실어 나르는 대운하와

거미줄처럼 얽혀 수만 리 밖으로 뻗어나간 역참은

제국의 힘이 얼마나 강대한지를 말해주었다.

"해가 뜨는 곳부터 지는 곳까지 모두 짐의 땅이다."

하지만 영원할 것 같던 그들에게도 끝은 있었다.

쿠빌라이의 손자인 성종 사후, 왕위 계승권을 둘러싼 분열과 연이은 자연재해, 라마교 숭배에 따른 막대한 재정 지출로 제국의 지배력은 현저히 약해졌고 한인들에 대한 극심한 차별은 반란의 싹을 키웠다.

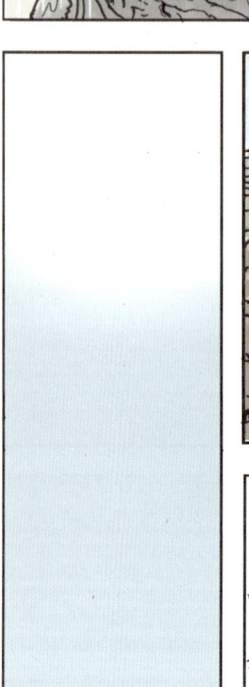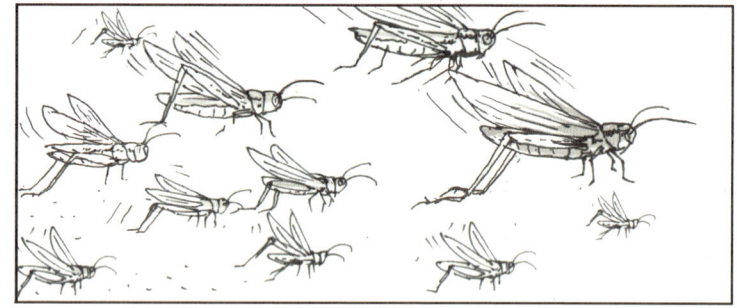

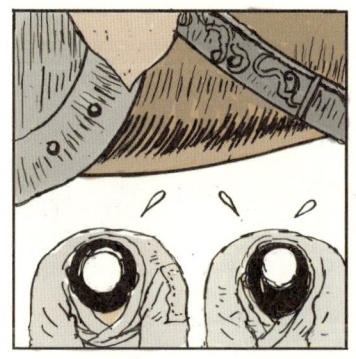

*남인 남송인으로, 몽골 지배 시기 극심한 차별을 받았다.

고려 사신단은 중국 대륙의 새 지배자인
명나라 황제를 알현하기 위해
수도 남경으로 향했다.

풀썩

남경

태복시를 시켜 조사해보니 너희가 가져온 말 모두 탈 만한 것이 아니었다. 이것은 너희 임금의 뜻이냐?

그… 그럴 리가 있사옵니까?

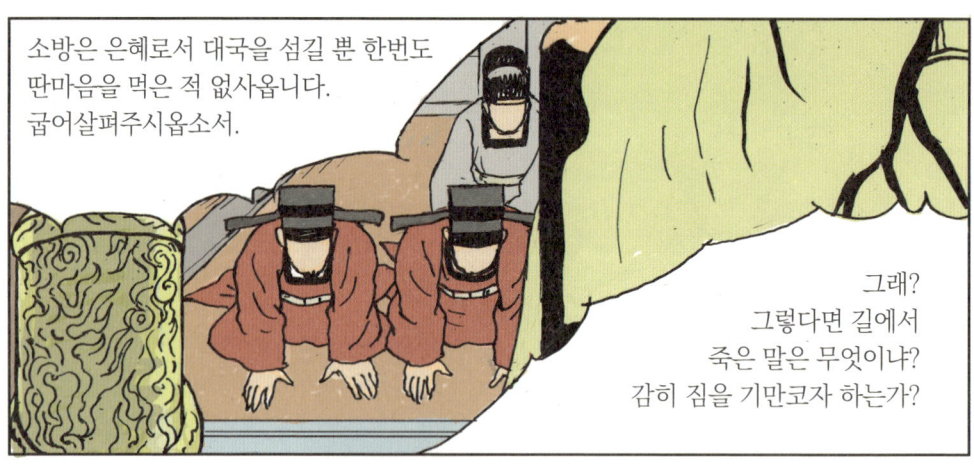

소방은 은혜로서 대국을 섬길 뿐 한번도 딴마음을 먹은 적 없사옵니다. 굽어살펴주시옵소서.

그래? 그렇다면 길에서 죽은 말은 무엇이냐? 감히 짐을 기만코자 하는가?

천부당만부당한 말씀이옵니다. 비록 탐라의 말은 아니나 좋은 말을 가려 뽑았사옵고 두 마리는 오랜 바닷길과 뭍길로 인해…

….

부디 굽어살펴주시옵소서.

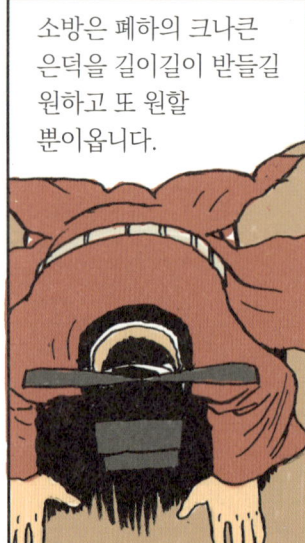

소방은 폐하의 크나큰 은덕을 길이길이 받들길 원하고 또 원할 뿐이옵니다.

들기 싫다, 이놈! 주둥아리 닥치고 썩 꺼지거라.

거지 신분에서 출발해 전국 각지에서 할거하던 군웅들을 물리치고 중원의 황제가 된 주원장. 낮은 신분 출신이라는 열등감이 잔인함으로 표출되어 오랫동안 섬겨온 공신마저 죽여버리기 일쑤니 고려 사신은 두려움에 떨 수밖에 없었다.

만약 사신의 죄를 묻는 칙서가 조정에 전해지기라도 하는 날엔

우리는 죽은 목숨….

다행히 폐하께서 더 이상 문제 삼지 않으니 천운이랄 수밖에….

변덕이 죽 끓듯 하는 분입니다. 언제 이 일을 끄집어낼지 알 수 없지요.

무저곡*이라.

차라리 이 험한 바다가 끝까지 이어져 고려에 닿지 않았으면….

사신단의 바람은 이루어지지 않았다.

*무저곡(無低谷) 서해를 일컫는 말로, 바다가 끝이 없음을 뜻한다.

이듬해 명으로 보낸 또 다른 사신단이 황제의 조서를 받들고 왔다.

지난해 너희 사신 김갑우가 보낸 말은 겨우 50필. 그것도 길에서 죽은 두 필은 탐라의 말이 아니었다. 고려 왕은 대국을 섬기는 태도가 어찌 이리도 방자한가?

지금 왕이 바다 건너 멀리 사신을 보내왔으니 어려움과 험함이 있을 것이나, 대국을 섬기는 예로는 턱없이 부족하다. 물건이 많다고 좋은 것이 아니다. 성심을 다하도록 하라.

이빨 빠진 호랑이가 물러난 자리에 성한 이빨을 가진 호랑이가 들어선 꼴 아닌가!

왕비를 잃은 슬픔으로 정사를 돌보지 않는 왕!

그럼에도 왕의 판단은 냉정했다.

교서를 내리노니,

대호군 김갑우와 통역관 오국충의 목을 베어 황제께 범한 죄를 씻게 하라.

원의 연호를 폐지한 뒤론
바로 고려의 연호를 쓰고 싶었소.

태조대왕과 광종대왕이
그리했던 것처럼 말이오.

몽골 침략 이전처럼
과인이 아니라
짐이라 칭하고 싶었소.

그리하여 고려가 자주국임을
만방에 알리고 싶었소.

하지만 현실은 냉정해
천자의 말을
받들어야 하는
제후국으로
자리할 수밖에
없었소.

용서하시오.

그대들을 지켜주지 못한
이 못난 임금을….

왕은 명 황제의 노여움을 풀기 위해 사신의 목을 베어 보냈지만, 명 황제는 말을 바치라며 계속 압박하다가 최후의 통첩으로 말 2,000마리를 요구했다.

무엇이라? 말 2,000필!

더하여 조건이 있소이다. 반드시 탐라의 좋은 말을 가려 뽑으시오.

명나라 사신 임밀

...

명 황제의 요구를 전해 들은 고려 조정은 기나긴 침묵 속으로 빠져들었다.

왜들 꿀 먹은 벙어리요. 말을 해보시오, 말을….

전하, 명나라 사신 임밀과 채빈에게 크게 잔치를 베풀어주시는 게 어떠하올지요.

그렇사옵니다. 행여 저들이 트집을 잡고 늘어지는 날엔 2,000마리가 3,000마리가 되고 3,000마리가 4,000마리가 될 수도 있사옵니다.

이들이 무서워하는 건 명나라뿐이로구나.

명의 부당한 요구를 성토하는 대신이 한 명도 없단 말인가!

조정은 외적 토벌에 공이 큰 문하평리 한방언으로 하여금 명 황제의 요구를 목호에게 전하도록 한다.

신이 저들을 설득해보겠나이다.

신라 왕이 황룡사 9층 탑을 쌓았던 것은 사방의 적들로부터 이 땅을 지키고자 함이 아니었던가!

잿더미로 변한 층층의 오랑캐들이 다시 이 땅을 위협한다.

끊임없이 해안을 노략질하는 왜구들과

몽골을 대신해 고려의 목을 조르는 명,

그리고 몽골 잔적과 하나가 된 탐라

과연 저들을 설득할 수 있을까?

해안을 따라 섬 전체를 길게 두르고 있는 환해장성!

성은 100년 전 고려군이 서남해안을 장악하고 있던 삼별초를 막기 위해 제주 백성을 동원해 처음 쌓았으나

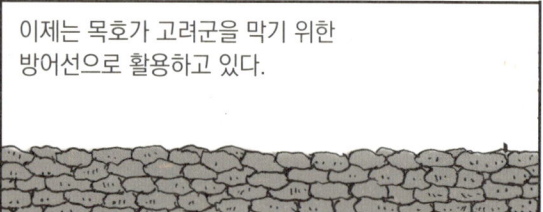

이제는 목호가 고려군을 막기 위한 방어선으로 활용하고 있다.

만약 명이 원의 직속령이었던 걸 빌미로 제주를 직접 지배하겠다고 나서면 손 놓고 바라볼 수밖에 없지 않은가!

중전…

이럴 땐 어찌해야 한단 말이오?

헤어나올 수 없는 깊은 슬픔.
그럼에도 왕은 결단을 내려야 했다.
기철 일당을 처단하고 쌍성총관부를
탈환하던 때처럼.

탐라가 바다에 임하여
백제, 고구려, 신라를 섬긴 지
1,000년. 우리 고려에 복속된 지
또한 수백 년.

하지만 근자에 이르러 목호 석질리필사, 초고독불화, 관음보 등이 우리 관리를 살육하고 백성을 노비로 삼으니 그 죄가 하늘을 찌르도다.

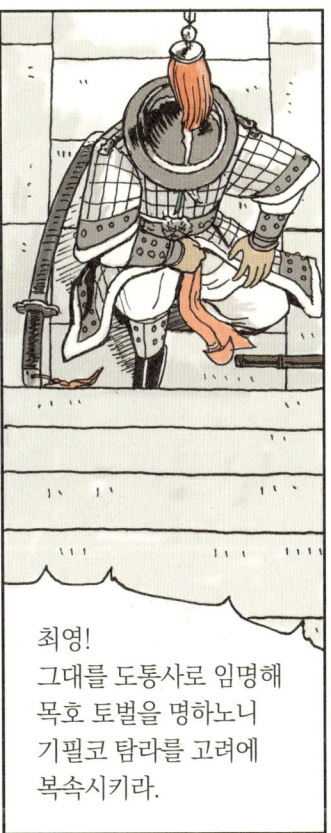

최영! 그대를 도통사로 임명해 목호 토벌을 명하노니 기필코 탐라를 고려에 복속시키라.

이것은 전하께서 내리시는 부월(斧鉞)이오.

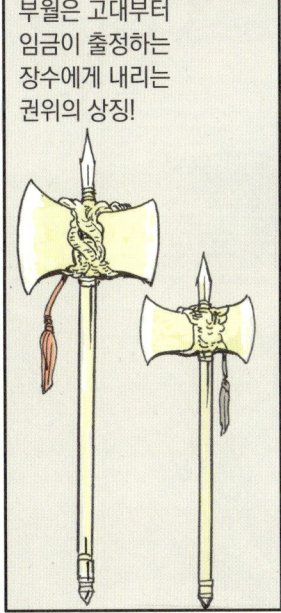

부월은 고대부터 임금이 출정하는 장수에게 내리는 권위의 상징!

장수는 부월에 의지해 군대를 통솔하고 병사들에 대한 주살권을 갖는다.

신 최영, 반드시 전하의 뜻을 이루오리다.

목호 토벌의
총사령관,
최영!

그는 수많은
전투에서
단 한 번도
패하지
않았다.

첫째도 규율, 둘째도 규율, 어떤 상황에서도 들뜨지 않아야 한다.

적을 알고 나를 알면 위태롭지 않다 했으니

장수 된 자 이를 따르리다.

젊은 날, 양광도 도순무사 휘하에 있으면서 수차례 왜구를 무찔렀다.

이후 왕의 숙위부대인 우달치가 되었고 원의 요청으로 장사성의 난을 진압하는 데 참여하여 중국 대륙을 누볐다.

안휘성
강소성

귀국 후에는 압록강 서쪽의 8참을 되찾았다.

왕 즉위 7년에는 오차포에서 왜선 400여 척을 격퇴, 이듬해에는 개경까지 점령한 홍건적을 인우, 이방실 등과 물리쳤다.

왕을 죽여라.

흥왕사 행궁에서 왕의 측신인 김용이 변란을 일으키자, 군대를 이끌고 와 진압한 것도 그였다.

무탈 하시옵니까?

조금 놀랐을 뿐이오.

또한 기황후가 보낸 군 1만을 의주에서 섬멸하니 임금은 더욱 그를 의지했다.

즉위 15년,

신돈의 견제를 받아 계림윤으로 좌천되었으나 신돈이 처형당한 뒤, 다시 임금의 부름을 받아 군부 최고의 실력자로 떠오른 것이다.

목호가 말 300필을 바친 지 한 달여,

전함 314척에 날랜 군사 2만 5,600명은 추자도를 경유해 제주 바다를 건넜다.

100년 전, 여몽연합군이 삼별초를 치기 위해 동원한 전함 수의 두 배였다.

저기 바다에 새까맣게 떠 있는 저것이 무엇이우꽈?

고… 고려 배다.

제6장
바람의 섬

제주 바다를 건너온 고려 함대는 섬 서북쪽에 위치한 명월포*에 정박했다.

*명월포 현재 제주시 한림읍 옹포리. 제주 말로는 바위너설을 뜻하는 '독개'라고 불린다.

여몽연합군이 삼별초를 치기 위해 상륙했던 곳!

그날도 바다는 100년 전과 다름없이 비췻빛으로 일렁였다.

좌아아아아

저 성 너머 보이는 게 한라산인가?

예. 섬 한가운데 우뚝 솟아 사방에서 다 보이지요.

높은 곳은 4월까지 눈이 쌓여 있을 뿐 아니라 꼭대기에 커다란 못이 있어 산짐승들이 사시사철 목을 축인답니다.

신령스러운 기운이 감도는군.

예부터 하늘에 제사를 지내던 곳이기도 하지요.

식수는?

해안가에 용천수라 하여 바위틈에서 물이 솟아 나와 병사들을 주둔시키는 데 어려움이 없사오나 중산간으로 들어가면 사정이 다릅니다.

비가 오는 족족 물이 땅에 스며들어 식수를 구하기 쉽지 않지요.

벼농사가 없고 밭농사만 짓는 것은 이 때문입니다.

대신 소와 말을 기르는 데는 이만한 땅이 없지요.

섬에 있는 돌이 모두 검은색이라지?

예. 그 돌로 쌓은 것이 섬 전체를 두르고 있는 저 환해장성입니다.

저들이 이 섬에 웅거할 수 있는 것도 저 성이 있기 때문입니다.

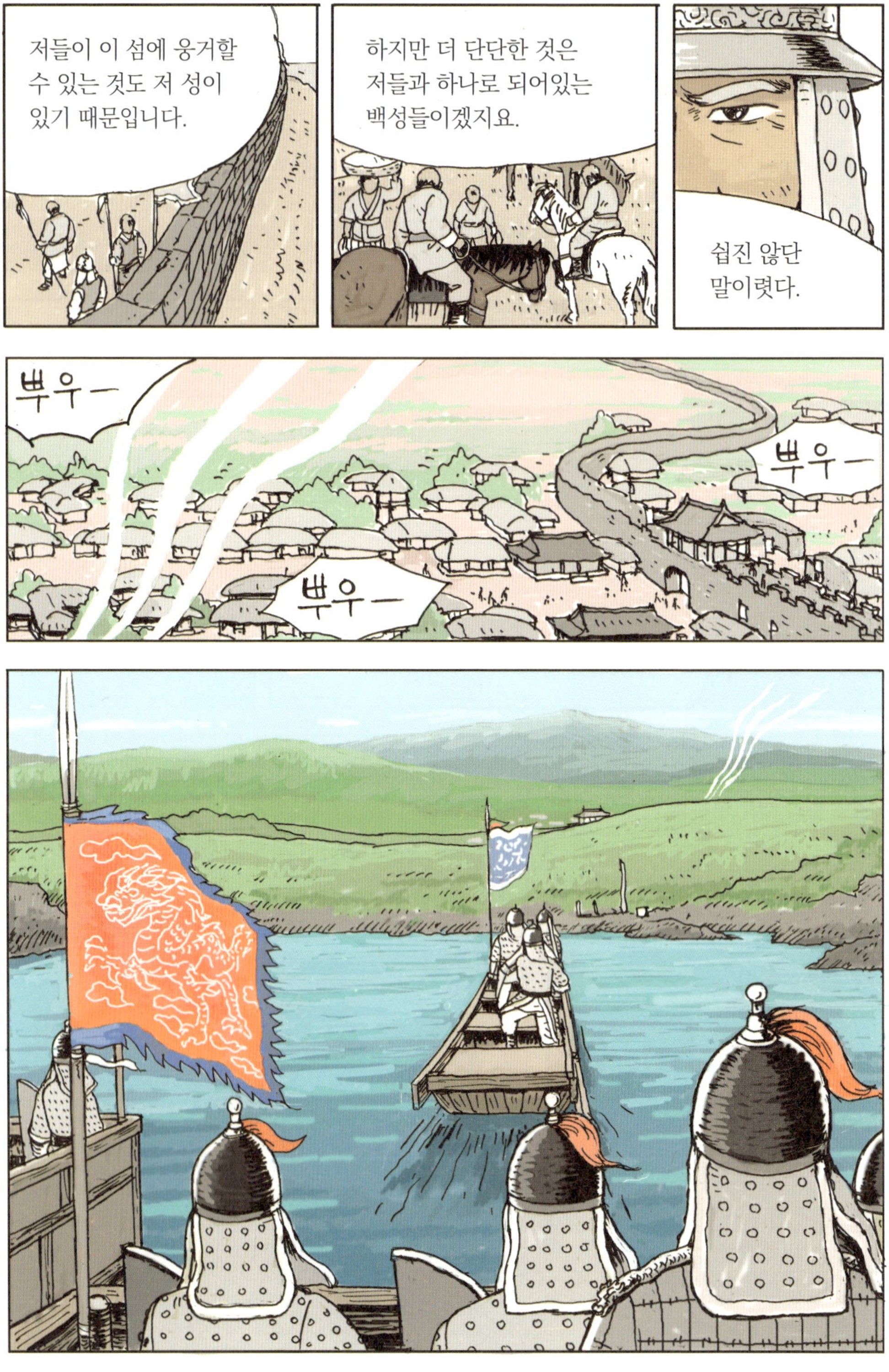

하지만 더 단단한 것은 저들과 하나로 되어있는 백성들이겠지요.

쉽진 않단 말이렷다.

뿌우— 뿌우— 뿌우—

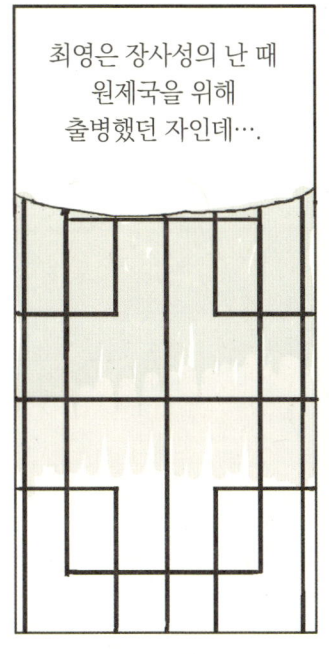

최영은 장사성의 난 때 원제국을 위해 출병했던 자인데….

입술이 없으면 이가 시리다고. 칸께서 초원으로 퇴각하시니 우리에게 칼날을 들이대는구나.

아침에 손주 놈이 문턱을 밟고 방에 들어오기에 재수 없다고 혼냈는데. 이런 일이….

올 게 온 거지요. 문턱을 밟거나 말거나요.

허…그 참….

사해를 무릎 꿇리던 쿠빌라이 칸의 치세가 그립습니다.

옛 영광일 뿐입니다.

중요한 건 오늘 우리가 일찍이 없던 거대한 적과 맞닥뜨리고 있단 사실입니다.

….

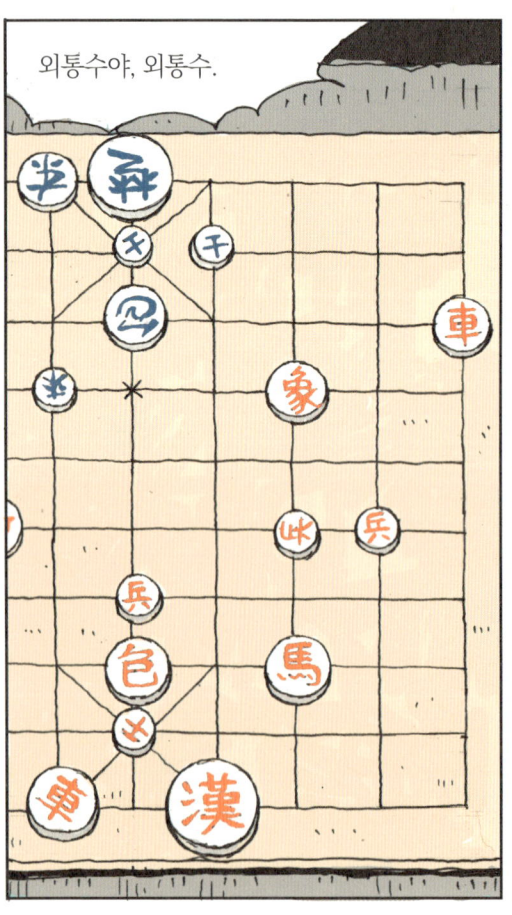

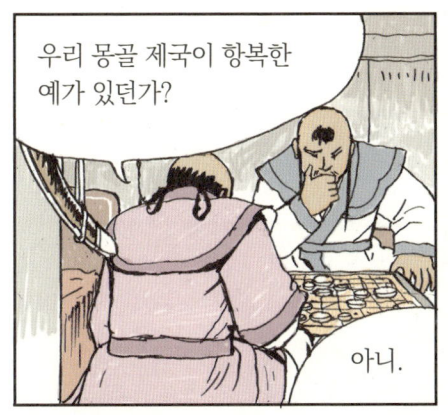

바람은 오름 능선을 넘는다.

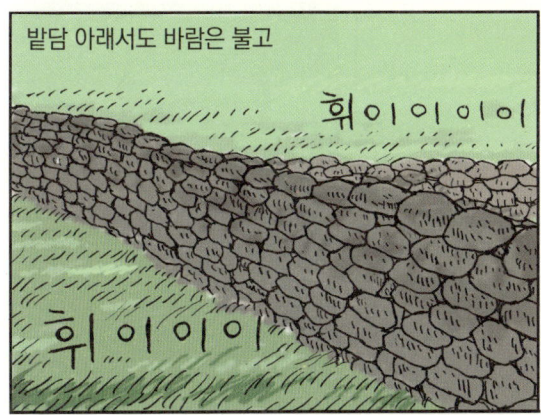

바람은 마을 올레길을 지난다.

바람은 마을 어귀 굴무기낭* 가지를 할퀴고 지나간 뒤

죽은 자들이 묻힌 산담* 아래에서 소용돌이치며 분다.

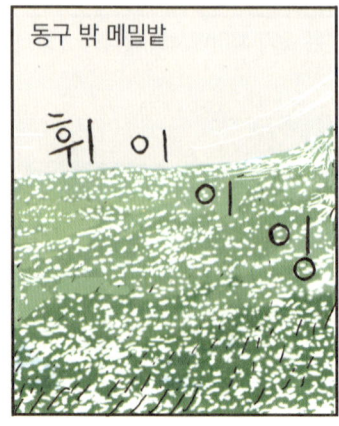
동구 밖 메밀밭

산 높은 곳에 우뚝 솟은 기암괴석

비자나무 숲

*굴무기낭 느티나무의 제주 말.
*산담 제주에 있는 무덤 주위를 둘러쌓은 돌담.

*잠녀(潛女) 해녀.

저렇게 많은 배는 처음 보우다.

병오년 때보다 몇 배는 더 많아 보여.

빨리빨리 말 재갈을 물리고 안장을 얹어라.

칼이 없으면 죽창을 들고, 활이 없으면 돌을 날라라.

어서들 가. 명월성으로.

이 몸도 나가서 싸우겠습니다.

장군, 전투의 생명은 신속한 기동.
저들이 전열을 가다듬기 전에
쳐야 합니다.
속히 명을 내려주소서.

맞습니다.
속도를 늦추어선
안 됩니다.

제가 1진으로 나서
놈들을
박살 내겠습니다.

군량미가
줄어들고
있습니다.

지체하면 지체할수록
저들에게 시간만
벌어줄 뿐입니다.

어서
상륙을 허락하소서.

병오년(1366년) 일을
잊었는가?

100척의 배로도 제주 땅을 제대로 밟아보지 못한 채 돌아올 수 밖에 없었다.

병서에선 싸우지 않고 이기는 게 최선이라고 했다. 명분을 쌓기 위해서라도 한 번 더 저들을 설득한다.

이에 전 제주목사 박윤청*이 목호 진영으로 가 지도부를 설득했으나 허사였다.

답신을 이미 보냈는데 왜 헛걸음을 하는 것이오?

먼 길 고단할 터인데 여기 마유주*나 한잔 마시고 하룻밤 묵어가시구려.

그러십시다. 그대도 좋아하는 술 아니오?

손님에게 베푸는 마지막 호의라오.

*박윤청 고려 말 중낭장, 제주목사를 지낸 무신 관료.
*마유주 말 젖을 발효시켜 만든 술.

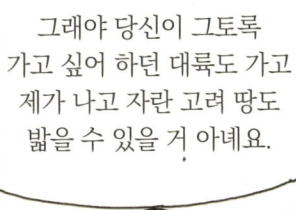

통곡의 세월이었다.
오욕의 세월이었다.
사무치는 한으로
잠들지 못하는 나날이
끝도 없이 이어졌다.

지난 100년 몽골군
말발굽 아래 죽은
고려 백성이 얼마인가!

놈들에게 빌붙은 자들에게 땅을
빼앗기고 유리걸식하다 죽은
백성의 수가 얼마인가!

어린 나이에 공녀로
끌려가 돌아오지 못한
아녀자가 얼마인가!

저들 또한 동족의 세력을 믿고 섬에 웅거하기 100년. 수많은 백성을 노예로 삼고 조정에서 파견한 관리를 죽였다.

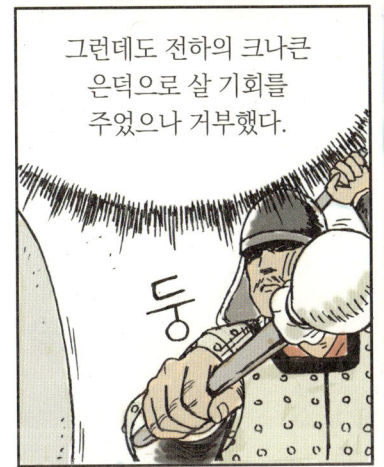

그런데도 전하의 크나큰 은덕으로 살 기회를 주었으나 거부했다.

둥

이제 놈들에게 베풀 자비는 없다. 반드시 그 죄를 물으리라.

와 와 와 와 와 와

진격~!

선발대로 11척의 배가 해안가에 상륙, 군사를 네 방향으로 나누어 공격하게 했으나 목호의 저항은 거셌다.

석질리필사

이 섬에 단 한 놈도 발붙이지 못하게 하라.

초고독불화

공격하라! 공격~

홀고탁

상륙한 고려군은 관음보 등이 이끄는 기병 3,000에 의해 모조리 살육당했다.

예상외의 거센 반격….

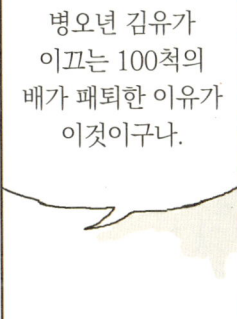

병오년 김유가 이끄는 100척의 배가 패퇴한 이유가 이것이구나.

평생 전장에서 물러난 적이 없는 최영이었다.

2차 상륙을 시도한다. 해안에 배를 대라.

네 이놈! 무엇을 주저하는 것이냐?

앞으로 나가기 주저하거나 머뭇거리는 놈은 지위 고하를 막론하고 목을 벨 것이다.

고려군이 물밀듯이 밀려오자 목호의 방어선이 한순간에 무너져 내렸다.

후퇴하라! 후퇴하라!

이에 고려군은 30리까지 뒤쫓아가 말 수백 필을 노획했다.

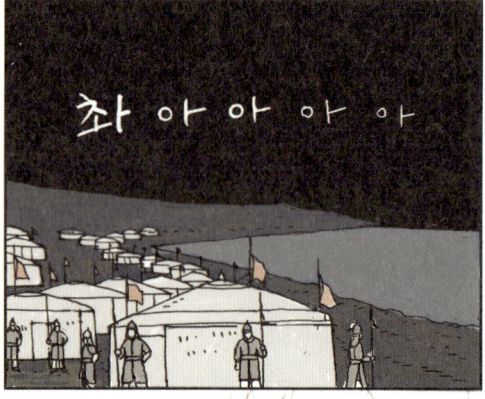

촤아아아아

뭣이? 저들의 기습으로 안무사 이하생*이 죽어?

*이하생 고려 말 무신 관료로, 감문위, 상호군, 제주안무사를 역임.

결전은 시작되었다.

어름비(어름리 들판)

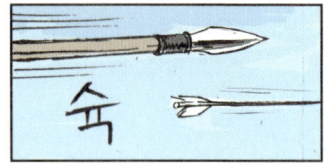

산 정상에 연못이라….

놈들이 급하긴 급했나 봅니다. 물 한 모금 적시지 못하고 달아나다니….

잠시 쉬면서 말에게 물을 먹인 뒤 놈들을 뒤쫓는다.

이달오름

와
와
후퇴~
후퇴~

와
와

새별오름

와

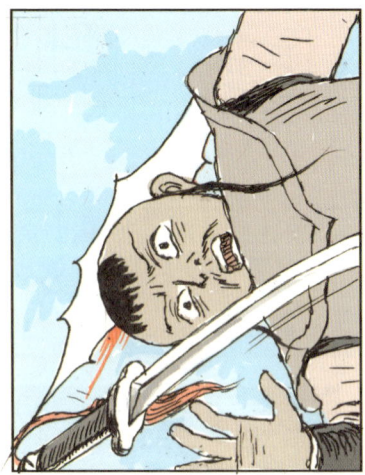

놈들을 돕는 자들에게는
조금의 인정도 베풀지 말라는
도통사 어른의 명이다.
모두 불태워 놈들을 잡는다.

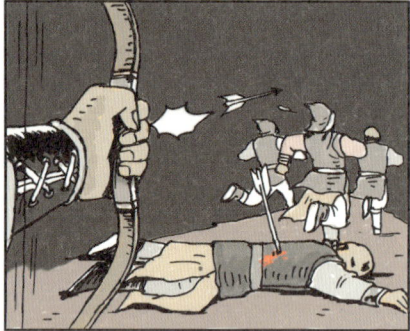

무엇이, 잘못됐단 말인가!

우리는 그저 태어난 곳에서 살아갈 뿐인데….

할아버지, 할머니, 아버지, 어머니, 형, 누나…. 모두 이곳에서 나고 자라지 않았던가!

우리 역시 이 섬에 뼈를 묻을 테고….

말은 우리의 목숨과도 같은 것!

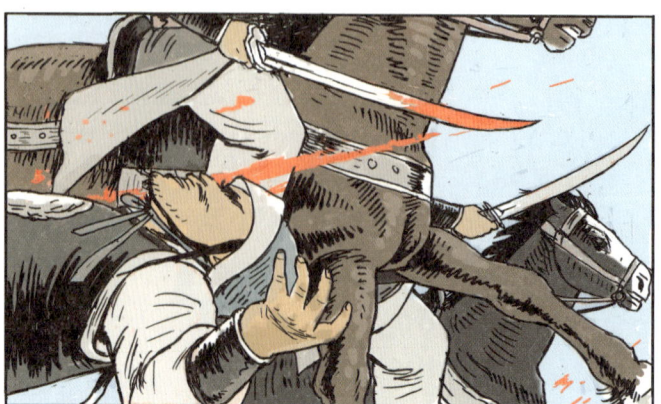

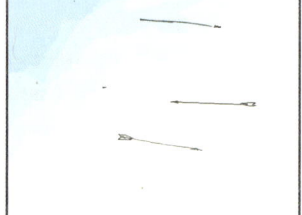

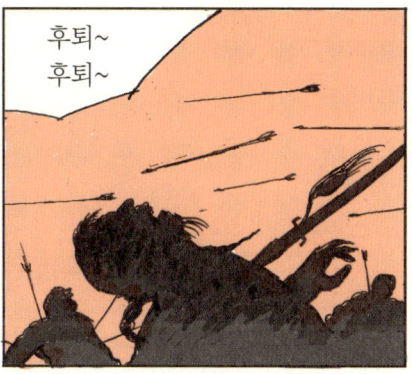

고려군에 밀려서 남으로 달아나던 그들이 최후의 방어선을 구축한 곳은 서귀포 해안이었다.

고려 여자
버들아기

그녀는 오늘도 법화사(法華寺)를 찾았다.

스님 또 뵙습니다.

법화사는 원세조 쿠빌라이 칸의 치세 기간인 지원 6년(1269) 중창한 탐라 최대 사찰로

버들아기와 남편 석내리보개가 찾아오곤 했다.

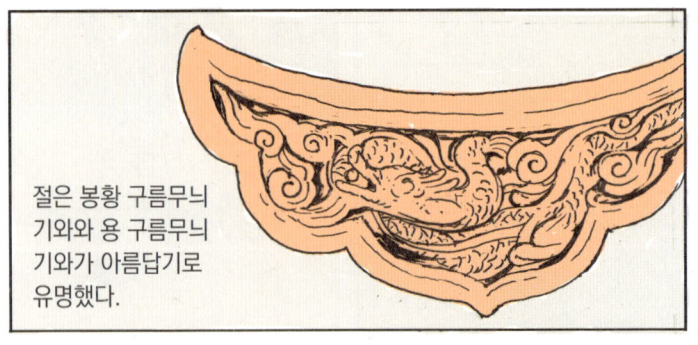

절은 봉황 구름무늬 기와와 용 구름무늬 기와가 아름답기로 유명했다.

자신을 안아 들어 올리던 남편의 억센 팔심…, 그립다.

어때?

정말 멋져요.

남편이 살아 돌아올 수만 있다면….

오랑캐 괴멸이 멀지 않았다.

일부는 노획한 말과 병장기를 수습하고 나머지는 곧장 진군한다.

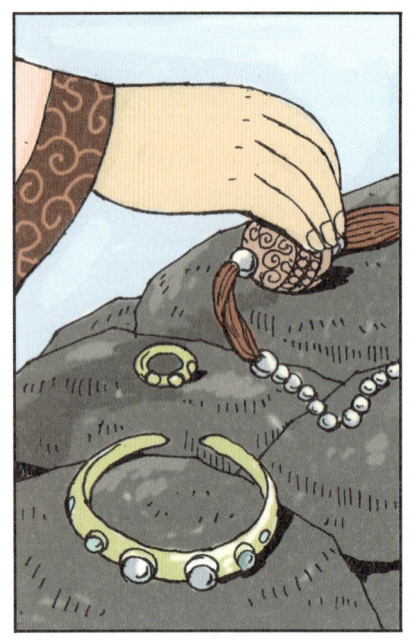

여인들은 돌무더기 위에 지니고 있던 귀한 물품을 올려놓고 그 주위를 돌았다.

바라는 바가 하늘에 닿아 이루어지리란 믿음

그것은 100년 전 몽골 군대가 섬에 발을 내디디며 전래한 초원의 풍습이었다.

우리 남편 부디 무사히 살아 돌아와줌서.

법화사

댕 댕 댕 댕

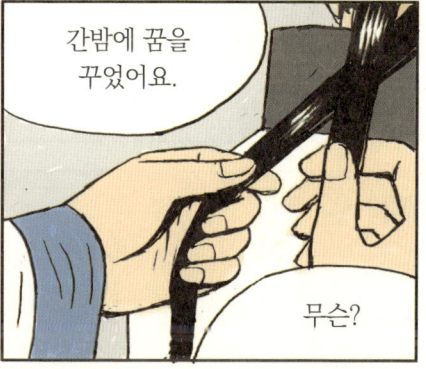

도일체고액 사리자 색불이공
공불이색

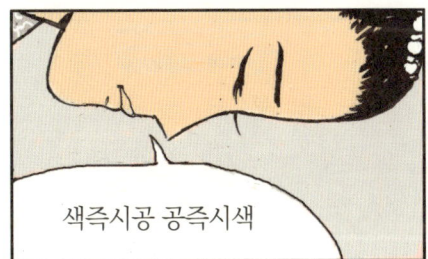

색즉시공 공즉시색

살면서 호사라곤
누려본 적 없는
밭매고 물질하는
여인들도 빌었다.

마을에서 가장 크고 오래된 폭낭*과 바닷가 할망당 앞

우리 남편,
우리 아들 부디
살아 돌아오게 해줍서~

누군가의 어머니와 아내 들이 길 떠난 자식과 남편의
무사 귀환을 기원하던 그 시간….

*폭낭 팽나무의 제주 말.

최영이 이끄는 2만여 고려군은 별다른 피해 없이 목호가 구축한 방어선을 향해 한 걸음 더 바짝 다가오고 있었다.

더불어 명월포에 정박해 있는 함대 일부를 섬 남쪽으로 띄웠다.

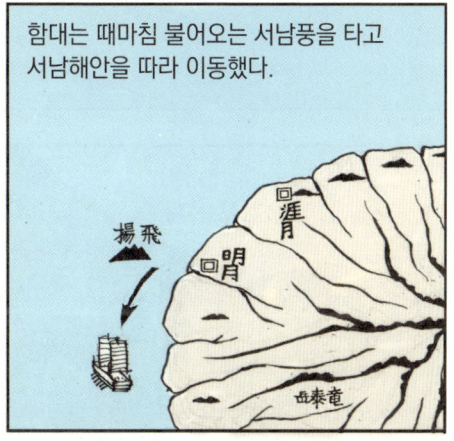
함대는 때마침 불어오는 서남풍을 타고 서남해안을 따라 이동했다.

부령(副令) 정룡*

내 외적을 무찌르기 위해 외방을 수없이 다녔지만 이렇게 아름다운 곳은 처음이야.

오랑캐 땅으로 남겨두기에는 너무도 아까워.

하지만 아무도 이 같은 고려 함대의 움직임을 목호 지휘부에 전달하지 않았다.

지난 전투로 목호의 연락체계는 모조리 붕괴되고 말았던 것이다.

*정룡 고려 말 전라도 수군만호와 해도만호를 역임한 무신 관료. 훗날 이성계 세력이 조작한 윤이, 이초의 옥사에 연루되어 제거되었다.

고려군이다. 고려군이 오름 능선을 타고 온다~

뿌우~

모두 각자 위치로!

빨리빨리.

육시럴 놈들, 기어이 우릴 죽이러 오는구나.

쿠빌라이 칸께서 진작 고려를 원나라 땅으로 예속시키지 않은 게 화근이었어.

누가 아니래.

여기 해와 달이 그려진 깃발이 보이는가!

우리들은 잿빛 푸른 이리의 피를 이어받은 전사들, 해와 달은 언제나 우리를 비추었고

탐라의 1만 8,000 신들 또한 우리를 보살피고 있다.

물러서지 마라.

도망가는 자는 적들의 손에 죽기 전 우리 손에 죽을지니.

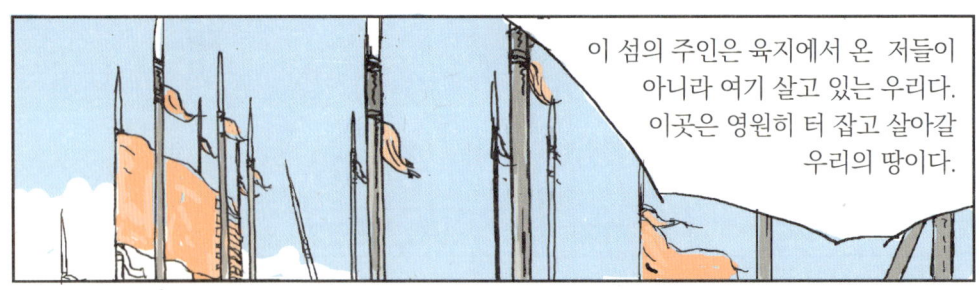

이 섬의 주인은 육지에서 온 저들이 아니라 여기 살고 있는 우리다. 이곳은 영원히 터 잡고 살아갈 우리의 땅이다.

우리가 건조한 배 한 척, 우리가 기른 말 한 마리, 우리가 짠 피륙 한 장, 우리가 딴 귤 하나 내줄 수 없다.

저들은 우리로부터 아무것도 얻지 못하고 돌아갈 것이다. 아니, 저들은 살아서 섬을 벗어나지 못하리라.

와 와 와 와 와 와 와 와

끝까지 저항할 셈인가 봅니다.

어리석은 놈들, 내 일찍이 살길을 터주었건만….

우리 임금의 덕화로도 다스릴 수 없음인가?

스르릉

갈 곳 없는 오랑캐들이다.

남정네들이 고려군과 싸우러 떠난 마을에는 정적이 감돌았다.

어딜 가는 거냐?

검질매러요.

아이코, 아서라. 이 난리 통에 무슨….

어망, 난리는 난리고 검질은 검질이우다.

하루만 검질 안 매도 풀이 한 뼘은 자라우다.

2진~ 1열!

발사!

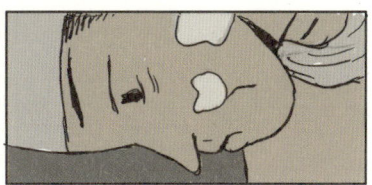
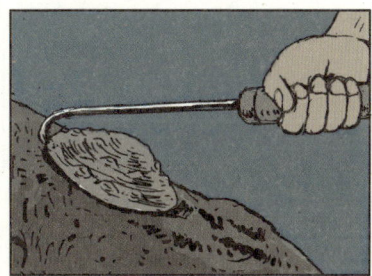

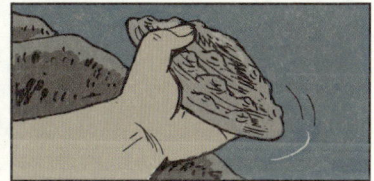

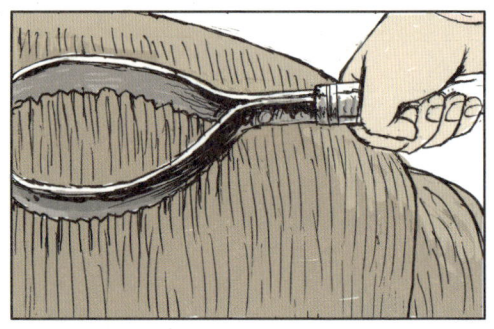

*지름새 약한 바람.
*궁근새 강한 바람.

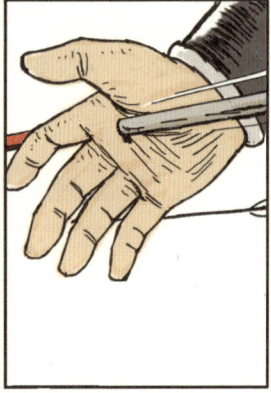

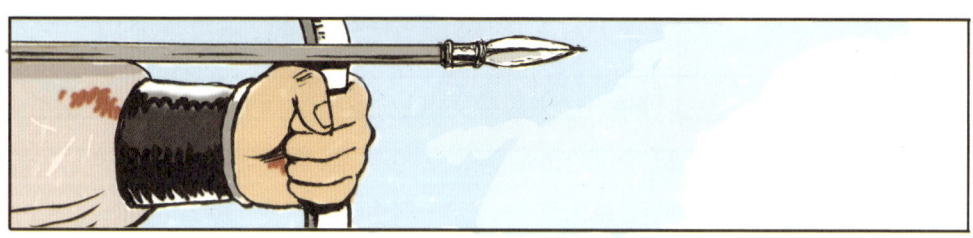

반격할 틈을 주어선 안 되느니. 쏴라!

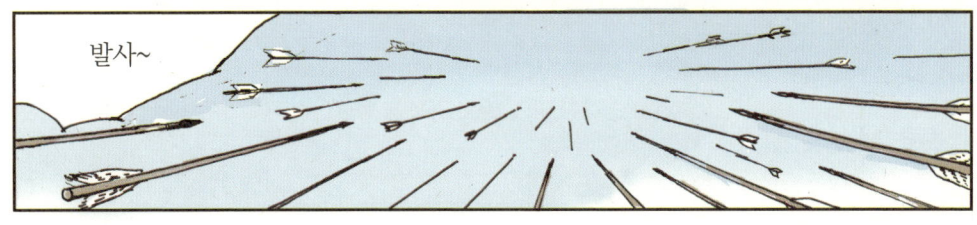

발사~

마하 반야바라밀다시….

비나이다. 비나이다. 우리 아들 무사히 돌아오게 해줍서~

드디어 놈들의 전열이 무너졌다. 이제 기병이 앞장서 놈들을 친다.

돌격~~~

동요하지 마라. 제아무리 그 수가 많다 해도 평생 말과 함께 생활해온 우리와 비길 것인가! 끝까지 간다. 그곳이 지옥 불구덩이라도. 말 있는 자 말을 타고 말을 잃은 자 창과 칼을 잡고 뛰어오라.

돌격~

와아아아

두 두 두

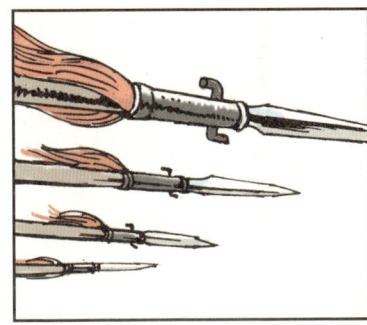

섬사람들에게 바다는 외부 세력의 공격을 막아내는 천혜의 장벽이었다.

일찍이 백제 동성왕이 조공을 바치지 않는 탐라를 정벌하기 위해 친정을 감행하여 무진주까지 이르렀으나 더 나가지 않고 돌아온 것은 바다가 험했기 때문이다.

백제왕의 친정 소식에 곱히 사신을 보내 다시 조공을 바쳤던 탐라!

비록 백제, 신라, 고려에 머리를 조아렸지만, 오랫동안 독립국의 지위를 유지할 수 있었던 것은 바다가 앞을 가로막고 있어서였다.

하지만 선박 제조 기술의 발달로 뭍과 바다의 거리는 자꾸만 좁혀졌다. 더구나 사방 200리 남짓한 크기의 섬에서 동원할 수 있는 자원은 한정될 수밖에 없었다.

후퇴~ 후퇴~

가까운 포구에 고깃배들이 있다. 빨리 배를 타라.

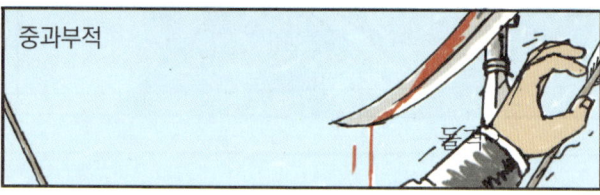

중과부적

살아남은 자들은 가까스로 바다를 건넜다.

섬에 우물이 있고 약간의 작물이 자라니 당분간 버틸 수 있습니다.

그래?

불씨를 남겨두어선 안 되는 법. 부령 정룡이 이끌고 온 함선 40척으로 섬을 에워싸 놈들의 마지막 숨통을 조른다.

범섬이라.
범의 형상을 하고 있어
붙여진 이름인가?

어지간히 다급했던 모양이군.
저 코딱지만 한 섬으로 달아난 걸 보면
놈들은 우리에 갇힌 토끼 신세.
사냥은 오래 걸리지 않는다.

우~~~

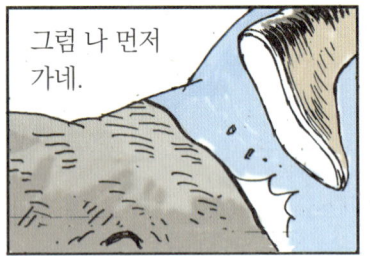

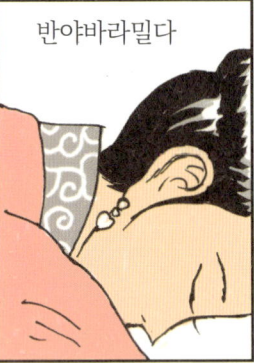

안녕, 내 사랑….

이승에서 짧은 시간을 뒤로하고
나 먼저 가오.

내가 없다고
너무 슬퍼하지 말구려.
죽은 사람은 죽은 사람이고
산 사람은 산 사람이니.

후생이 있어
다시 당신을
만날 수 있다면….

그럴 수만
있다면….

촤아아아아

제9장
핏빛 노을

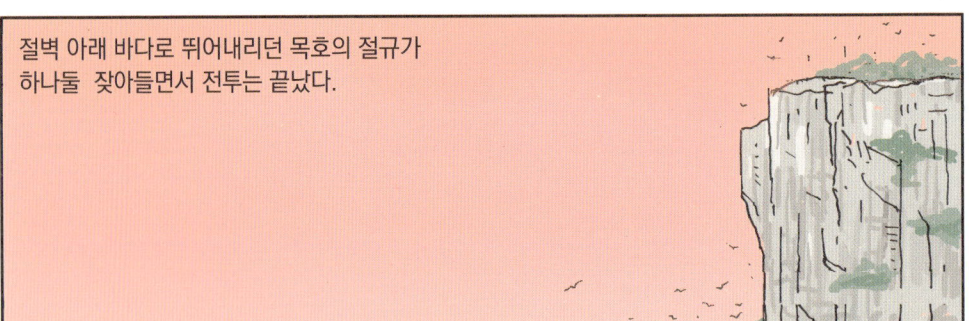

절벽 아래 바다로 뛰어내리던 목호의 절규가
하나둘 잦아들면서 전투는 끝났다.

장군, 적의 수괴인
석질리필사가 아들 셋과
일당 수십을 이끌고
항복했습니다.

장군 살려주십시오.
지난 죄를 뉘우치고
이제부터 고려의 충실한
백성으로 살겠습니다.
날마다 부하들이
고려 임금의 아름다운 덕을
노래하게 할 것이옵니다.

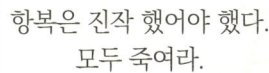

놈들의 화살이 바닥났다. 충차로 돌격하라!

성문은 부서지고

도망가는 무리들은

쫓아오는 고려 군사에게 죽임을 당하고

성안에는 시체들이 산더미처럼 쌓였다.

숨어 있는 무리도 샅샅이 찾아내 후환을 없애라.

지난날 원에서 놈들에게 내린 금패 9개, 은패 10개, 인신 30개를 모두 수거한 뒤 인신을 만호, 안무사, 성주, 왕자에게 주고 노획한 말 1,000필을 여러 고을에 나누어 기르게 한다.

또한 군사들 가운데 말이나 소를 도살해 먹는 자가 있다면 팔을 뽑아 조리를 돌릴 것이다.

쩝~ 소와 말이 아무리 많아도 그림의 떡이로구나.

그나저나 섬 전체가 까마귀 천지일세.

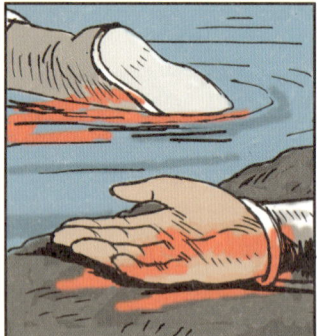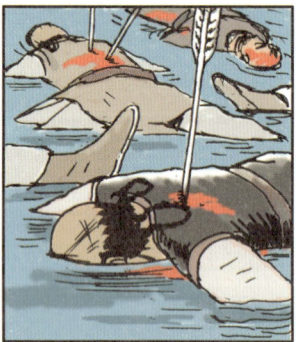

그로부터 40년 뒤 이 전투의 목격담을 전해 들은 제주 판관 하담은 자신의 일지에 이렇게 썼다.

"우리 동족이 아닌 것이 섞여 갑인(甲寅)의 변을 불러들였다.

칼과 방패가 바다를 뒤덮고 간과 뇌가 땅을 덮었으니 말하면 목이 멘다."

돌에 구멍이 숭숭 뚫린 건 죽은 자들의 한숨 때문인가?

저 산을 옮겨갈 순 없지만

탐라가 평정되었음을 알리는 징표로 수괴들 머리와 함께 돌을 가져갈 것이야."

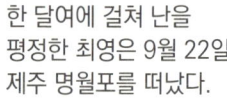
한 달여에 걸쳐 난을 평정한 최영은 9월 22일 제주 명월포를 떠났다.

비도 비지만 바람이 거세 앞으로 나아갈 수가 없습니다.

한시라도 빨리 이 소식을 전하께 전하고 싶건만….

배를 돌려라. 비바람이 멎길 기다렸다가 내일 출발한다.

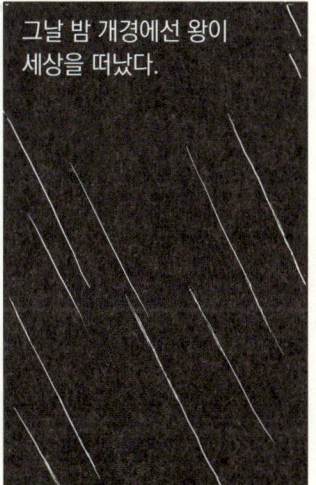

그날 밤 개경에선 왕이 세상을 떠났다.

전하! 왜 우리를 죽이려 하셨습니까?

왕을 시해한 이는 환관 최만생이었고 함께 공모한 이는 자제위에 속해 있던 홍륜이었다.

왜? 왜?

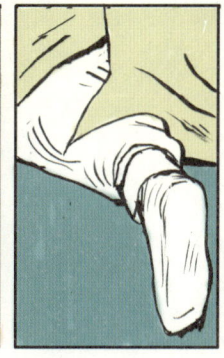

왜? 끄으으으

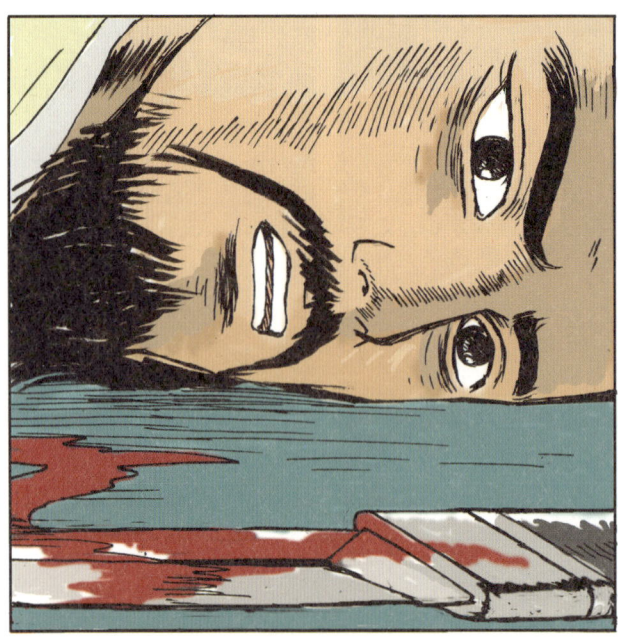

혼란의 연속이었다.

홍건적의 침입으로 개경을 버리고 피난을 가야 했고 왜구의 노략질로 산과 들은 쑥대밭이 되었다.

나라의 근본인 백성을 살려야 했다.

그리하여 전민변정도감을 설치, 권문세가에 억울하게 빼앗긴 땅을 원주인에게 되돌려주고 불법으로 노비가 된 양인은 본래의 신분을 되찾아주었다.

권문세가들은 거세게 반발했다.

혼자 몸으로 1만 명의 적과 상대하는 것 같았다.

중전~

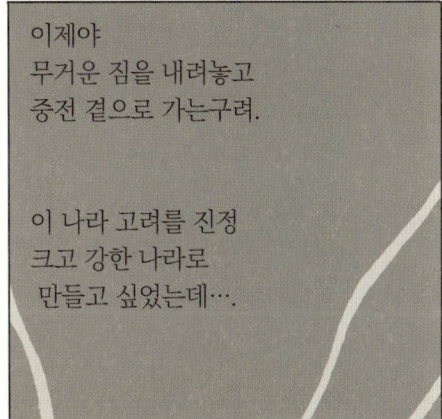

이제야
무거운 짐을 내려놓고
중전 곁으로 가는구려.

이 나라 고려를 진정
크고 강한 나라로
만들고 싶었는데….

죽은 사람은 죽은 사람이고
산 사람은 살아야 했다.

아낙네들은 고려군의
눈을 피해 밭에 나가
김을 맸다.

밟아도 밟아도 다시
일어나는 풀 바랭이.

뿌리를 완전히 들어내기 전까진 절대 죽지 않을 뿐 아니라 빠른 생장으로 인해 밭을 매는 이들에게는 골칫덩어리였다.

아이고, 허리야~ 이놈의 풀 매느라 허리가 남아나지 않는구나.

엄살 피우지 말고 부지런히 매우다.

그래야 먹을 양식이 생기지.

두 두 두

두 두 두 두

싸움이 아직도 끝나지 않은 거우꽈?

그러게….

마지막 발악일 뿐 대세를 거스를 순 없어.

탐라성주 고복수

고려나 몽골이나 남이긴 마찬가지. 우리가 저들을 진압해 고려로부터 안위를 보장받는다.

이에 성주가 군사를 일으켜 차현유와 마적을 죽이자 난은 곧 평정되었다.

아닙니다.

저들이 이 땅에 뿌리내리고 산 세월이 무려 100년.

그만큼 뿌리가 단단히 박혔단 뜻이지요.

이참에 완전히 들어내야 합니다.

….

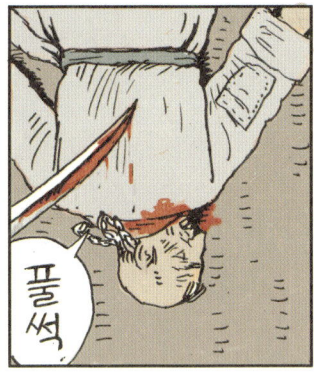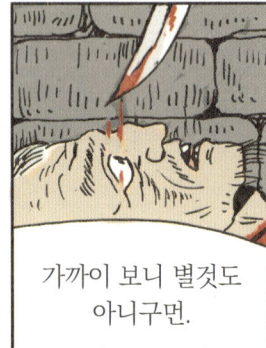

요놈의 새끼,
어디서 감히
혀를 날름거려.

옜다.
까마귀밥이나
되어라.

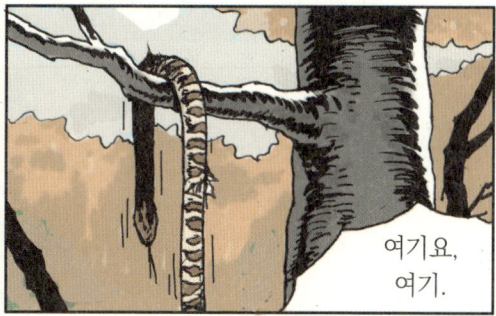

여기요,
여기.

높은 분들이 이미 눈독 들이고 있을 게 뻔하네그려.

제기랄, 바다 건너 이 먼 섬까지 와서 번이나 서다니…. 미인 얼굴이라도 한번 구경하면 좋겠네.

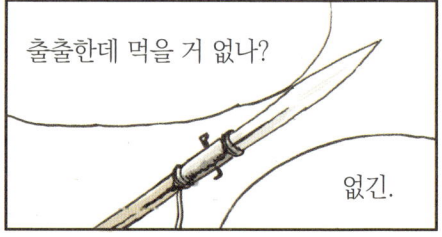
출출한데 먹을 거 없나?

없긴.

민가에 가서 귤 몇 개 품어 왔지.

정말?

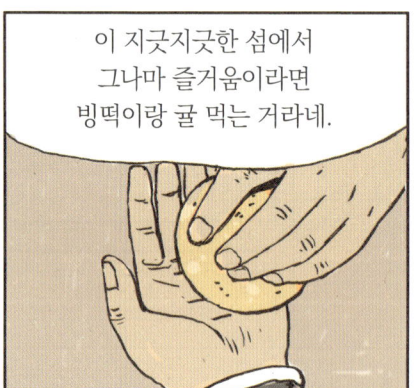
이 지긋지긋한 섬에서 그나마 즐거움이라면 빙떡이랑 귤 먹는 거라네.

음~

달다. 둘이 먹다 하나가 죽어도 모르겠어.

뭍에선 절대 맛볼 수 없는 이 맛~

여보게, 하나만 더 주게.

이 사람, 끝물이라 남아 있는 게 없어. 아껴 먹어야지.

왜 이리 말귀를 못 알아듣고 고집이우. 첩도 아니고 정실로 맞아들이겠다는데….

나으리 속 좀 그만 태우고 마음 좀 고쳐먹구려. 그래, 달단인이란 달단인*은 다 죽은 마당에 의지할 게 뭐가 있겠소?

앞길이 구만리인데 여자 혼자 몸으로 살겠단 말이오? 그 고운 얼굴이 아깝지 않소?

그만 돌아가주세요. 다시는 찾아오지 마시고요.

….

*달단인 타타르인을 가리키는 말로, 북방 유목민족에 대한 총칭.

모두 죽었다.

남편도,
남편을 따르던 이들도

아이들도….

안녕하시우꽈?

남편이 절벽 아래로 몸을 던진 이래
해가 몇 번이나 바뀌었지만,
아직까지 피 냄새가 진동하는 듯하다.

섬은 이제 뭍사람들의 것!

섬사람들이 애써 키운 말들은 끊임없이 뭍으로 실려 나가고 섬사람들은 오늘도 주린 배를 움켜쥔다.

대체 저 말들은 어디로 가는 거우꽈?

상국인 명나라로 가는 거라 하우다.

지기미, 예전엔 원나라에 말을 바치기 바빴는데 이제는 명나라일세.

우리는 말똥이나 주워다 불이나 겨우 때고 살라는 거 아니우꽈?

그나마라도 뺏어가지 않으니 다행이우다.

참으로 맛있습니다. 오나라 사람 육적이 품 속에 숨겨 와 어머니께 드렸다던 고사가 괜히 생겨난 게 아닙니다.

제주에서 올라온 귤인데 맛이 어떤지요?

그렇다면 자당께 이 귤 드리시지요.

아닙니다. 이 귀한 걸 한두 개도 아니고….

하하, 저는 제주목에서 판관으로 있는 처남에게 보내라 하면 됩니다.

말뿐 아니라 애써 키운 귤도 모두 뭍사람들의 것

이런 나무는 차라리 없느니보다 못 하우다.

죽어라!

죽어!

귤꽃이 피면 제주 사람들의 시름이 깊어졌다.
귤꽃 수만큼 공출 할당량이
매겨졌기 때문이다.

이런 발칙한 놈.
공물을 바치지 않으려
멀쩡한 나무를 죽이다니.

일벌백계로
다스리겠다.
저놈을 매우 쳐라.

퍽- 아이고-
퍽 아이고-

누구를 위한 조정이고
누구를 위한 나라인가!

정씨 성을 가진 목호의 아내 버들아기

그녀는 평생 혼자 살다가 새 왕조가 들어선 지 30여 년 만에 눈을 감았다.

비록 오랑캐의 처라 하나 그 행실이 어찌 갸륵하지 않은가! 마땅히 정려하여 백성들의 본보기로 삼아야 할지니….

그녀가 죽고 얼마 뒤인 세종 10년(1428), 조정에서는 정려비를 세워 그녀의 정절을 기렸고,

그로부터 400년 뒤인 순조 연간, 제주목사로 부임한 한응오는

순력 도중, 무너져 없어진 열녀비를 다시 세웠다.

삼강(三綱)의 도리를 모르는 어리석은 백성을 깨우치고자 여기 정려비를 세우노라.

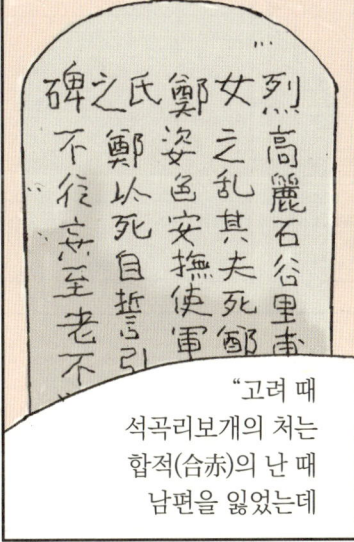

"고려 때 석곡리보개의 처는 합적(合赤)의 난 때 남편을 잃었는데

정씨는 나이가 어리고 자식이 없으며 얼굴이 자못 예뻤다.

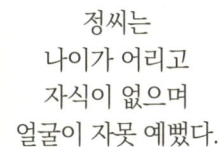

안무사의 군관이 억지로 장가들려 했으나 정씨가 죽기를 각오하고 칼을 뽑아 자결하려 하니

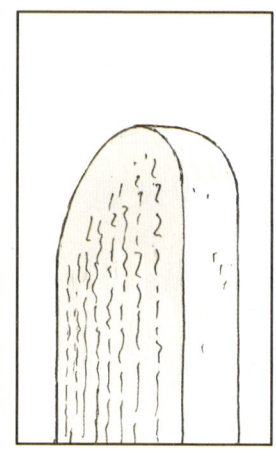

*빗 전복의 제주 말.

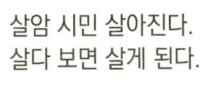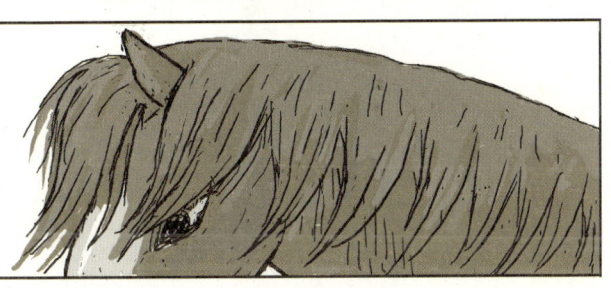

목호가 고려군에 쫓겨 몸을 던져야만 했던 범섬 앞바다

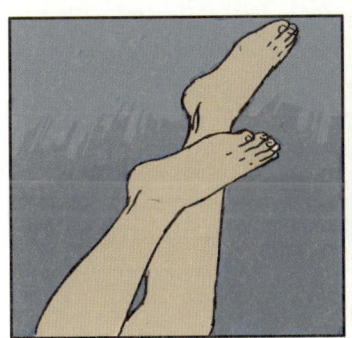

*수애기 돌고래의 제주 말.

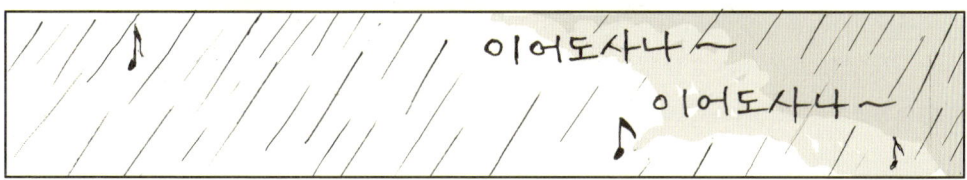

2018년, 범섬이 한눈에 바라다보이는 강정마을에는 해군기지가 들어서 있다.

작가의 말

제주에 발을 처음 디딘 것은 지금으로부터 20년 전이다. 125cc 오토바이에 몸을 싣고 전국을 떠돌다 제주 바다를 건넜다. 제주는 숨이 멎을 듯 아름다웠다. 송악산에서 산방산에 이르는 길은 마치 다른 세상 같았다. 인심도 좋아서 아무 절에나 찾아가 잠을 청하면 식사와 함께 잠자리를 내주었다. 절에서 자지 못할 때는 해녀들의 휴식공간인 해녀의 집에서 잠을 청했다. 말 울음소리와 함께 새벽을 맞는 기분도 특별했다. 남녘에서 가장 높은 한라산과 해가 가장 먼저 뜨는 성산 일출봉을 오르고 내내 해안도로를 달렸다. 검은색 돌로 쌓은 환해장성과 연대들이 제주 역사를 말해주고 있었다.

제주를 떠나올 때는 태풍에 발이 묶였다. 할 수 없이 터미널과 가까운 사라봉과 별도봉을 올랐다. 몸을 가눌 수 없을 정도로 강하게 부는 바람에 풀들은 몸을 낮추었다.

바람보다 빨리 눕고 바람보다 먼저 우는 풀!

나는 바람 속에서 하염없이 풀을 바라보며 서 있었다. 하지만 알지 못했다. 이 아름다운 풍경 뒤에 가려진 슬픈 역사를.

제주는 곧 잊혀졌다. 나는 생활인으로 하루하루를 견디며 살아야 했고 어느새 제주는 다가가기 힘든 섬이 되어 있었다. 이따금 제주 사람을 만나면 제주를 대단히 많이 아는 것처럼 떠벌였지만 실상은 한 번의 여행이 전부였다. 제주가 새로이 다가온 것은 도서관에서 우연찮게 본 한 권의 책 때문이었다. 이영권 선생이 쓴 《제주역사 기행》이다. 책장을 넘기며 제주에서 머물렀던 장소들이 특별한 역사적 의미를 지니고 있음을 깨달았다.

바람의 섬! 어느 날 나는 14년의 세월이 지나 다시 제주로 가는 여객선에 몸을 실었다. 섬은 여전히 아름다웠고 다니는 곳마다 역사의 상흔들로 가득했다. 한국 현대사의 가장 큰 비극인 제주 4·3은 충격이었다. 인쇄와 영상매체를 통해 어느 정도 알고 있었지만 직접 현장을 찾아와 보니 제주 사람들이 겪었던 아픔이 더 크게 다가왔다. 여행을 마치고 돌아온 나는 제주와 관련된 책들을 하나둘 읽기 시작했다. 시작은 단순한 호기심에서였으나 제주 4·3을 많은 이들에게 알려야 한다는 의무감 비슷한 감정이 들었다. 그럼에도 제주 4·3을 그릴 용기는 나지 않았다. 그리고 다른 이들이 다양한 방법을 통해 제주 4·3을 말하고 있었다. 대신 내가 주목하게 된 것은 고려 말에 있었던 하나의 사건이었다.

일찍이 섬에는 탐라란 나라가 존재했으나 강력한 왕국으로 발전하지는 못했다. 고구려 백제 신라는 끊임없이 탐라에 조공을 요구했고 고려는 관리를 파견해 직접 지배하기에 이르렀다. 탐라국에서 고려의 한 주가 된 것이다. 섬이 요동친 것은 고려가 몽골에 항복하면서다. 무신정권에 복무하던 삼별초는 고려 정부와 몽골에 완강히 저항했다. 진도에서 패퇴한 삼별초는 제주로 근거지를 옮겼고 섬사람들을 동원해 긴긴 성을 쌓았다. 항파두리와 환해장성이다. 삼별초는 여몽연합군에 의해 곧 진압되고 만다. 몽골은 제주에 탐라총관부를 설치, 직영지로 다스렸다. 다루가치를 파견하여 말 목장을 대규모로 경영하게 한 것이다.

섬사람들에게 고려는 어떤 나라인가? 고려 또한 일본 몽골과 다름없는 외부세력이었다. 1,500명이 넘는 몽골군사가 100년 동안 섬에 진주하면서 섬사람들은 고려보다 몽골과 친밀함을 느끼게 되었다. 이는 옛 땅을 찾으려는 공민왕에겐 큰 부담이었다. 엎친 데 덮친 격으로 원(몽곤)을 몰아내고 중국대륙의 주인이 될 명은 고려를 압박했다. 탐라의 말 2,000마리를 바치라는 명나라 황제 주원장의 말은 고려를 통해 탐라로 전달되었다. 몽골 수뇌부들의 반발은 당연했고 이 과정에서 파견된 고려의 관리들이 죽어 나간다. 바로 '목호의 난'이다.

조선 초 편찬한 "고려사"와 "고려사절요"엔 이때의 일이 비교적 상세히 기술돼 있다. 홀고탁, 석질리필사, 초고독불화, 관음보, 조장홀고손 등은 고려와 맞서 싸운 몽골인들이다. 시간적 거리 때문에 체감하기 힘들지만 섬 인구의 반 가까이 죽어 나간 엄청난 사건이다.

그들을 진압하기 위해 동원된 고려군사의 수만 해도 삼별초를 진압하기 위해 출정했던 여몽연합군의 두 배가 넘는다. 그럼에도 이 사건은 단일민족국가라는 신화 속에 철저히 가려져 있다. 아니 몽골 수뇌부를 제외한 섬사람들까지 마땅히 죽어야 할 존재는 아닐 것이다.

21세기 역시 섬사람들의 운명은 뭍사람들에 의해 결정되곤 한다. 세계 유일의 초강대국인 미국은 떠오르는 신흥강국 중국을 견제한다. 강정마을의 해군기지는 미국의 기항지로 활용될 가능성이 높다. 국제법상 해상무역을 보호하는 것은 해군이 아닌 해양경찰이다. 이처럼 대규모의 군사기지가 들어설 이유가 없는 것이다. 마을 주민들의 반대에도 구럼비 바위는 발파돼 흔적도 없이 사라졌고 사계절 맑은 물이 흐르는 강정천은 크게 훼손되었다. 무엇보다 끈끈하게 유지돼 오던 마을 공동체가 해군기지 건설 찬반을 둘러싸고 돌아올 수 없는 강을 건넜다. 강정마을뿐 아니라 섬 전체가 몸살을 앓고 있다. 외지인들이 자본의 논리를 앞세워 공사를 하지 않는 곳이 없다. 제주의 허파인 곶자왈은 면적이 급속도로 줄어들고 지하수 또한 점점 말라간다. 골프장 건설로 물이 땅에 스며들지 않아 홍수가 난다. 국책사업으로 추진 중인 제 2 공항이 들어서면 관광지로서 매력은 확연히 줄어들 것이다.

따라비오름, 다랑쉬오름, 용눈이오름. 바굼지오름, 새별오름, 물영아리…. 제주가 가장 제주답게 느껴지던 것은 이들 오름을 올랐을 때였다. 제주엔 350개의 기생화산인 오름이 있는데 오름에서 바람을 맞을 때 비로소 제주에 와 있다는 것을 느낀다. 그리고 644년 전 새별오름에선 고려군과 목호의 전투가 있었고 다랑쉬오름엔 4·3의 아픈 상처가 있다. 뿐만 아니라 오름 곳곳의 방공호들은 일제가 제주 사람들을 동원해 파놓은 것으로 지난했던 제주 역사를 돌아보게 한다.

"목호"란 제목으로 무크지에 작품을 처음 발표한 것이 5년 전이다. 연재는 24쪽씩 5회로 끝났지만, 책을 내기엔 분량이 부족했고 미처 담아내지 못한 내용이 많았다. 추가 작업을 결심하고 원고를 손대기 시작했다. 수렁이었다. 해도 해도 끝이 나지 않았다. 작업속도가 왜 이리 더딘지 나조차 이해되지 않았다. 새로 그리는 한편 기존 장면들을 고쳐 그리며 한 해가 가고 두 해가 갔다. 페이지 만화는 한 컷을 수정하기 위해선 몇 페이지를 함께 건드려야 한다. 자판을 치면 아래로 밀려 내려가는 글과 다른 점이다. 무크지 연재로 끝내버렸으면 좋았을 텐데 라며 후회를 했지만 돌이킬 수는 없었다. 어떻게 해서든 끝을 맺어야 했다. 결단의 순간도 있었다. 채색까지 마친 60쪽 분량의 원고를 군더더기란 생각이 들자

미련 없이 버렸던 것이다. 더불어 연결고리가 될 장면들을 한 컷 한 컷 다시 그려나갔다.

　가족과 동료들이 물었다. 그 작업 아직 안 끝났냐고. 그때마다 나는 입을 다물었고 지칠 대로 지친 나는 조선 시대를 무대로 한 작품을 그리기 시작했다. 도피였다. 그럼에도 조선을 뒤로한 채 고려 시대로 돌아올 수밖에 없었다. 작업을 하는 동안 세상은 적지 않은 변화가 있었다. 예전엔 아무렇지 않게 받아들여지던 일들이 지금은 받아들여지지 않았다. 여성에 대한 표현도 수위를 조절해 남성중심적 시각이 짙게 베인 장면들은 버려야했다. 어쩌면 작업이 길어지는 만큼 내 자신도 성장하고 있다는 생각이 들었다. 그럼에도 달라지지 않은 한 가지. 그 것은 제주에 대한 관심과 사랑이다.
　아름다운 섬. 제주. 켜켜이 쌓인 역사와 신화가 살아 숨쉬는 땅!
　나는 어느새 제주로 떠나는 비행기표를 예매하고 있다.

2019년 1월 정용연

목호의 난 - 1374 제주
ⓒ정용연 2019

초판 1쇄 발행 2019년 1월 31일 | 3쇄 발행 2022년 5월 9일

지은이 정용연
펴낸이 위원석
디자인 골무 | 제작 및 본문 조판 공간
펴낸곳 딸기책방 ttalgibooks@gmail.com | **주소** 인천광역시 강화군 화도면 마니산로 739번길 26-13
전화 070-8865-0385 | **팩스** 032-232-8024 | **출판등록** 2017년 10월 20일 제357-2017-000008호

ISBN 979-11-963918-6-7 07910

이 도서는 한국출판문화산업진흥원의 출판콘텐츠 창작 자금 지원 사업의 일환으로 국민체육진흥기금을 지원받아 제작되었습니다.